KLARTEXT

Bildnachweis:
Adobe Stock: © engel.ac: S. 4/5, © foto-select: S. 7, © jotily: S. 8/9, © Increa: S. 9, © road-runner r.: S. 15, © etfoto: S. 19, © eyewave: S. 20, © tiero: S. 24, © nikwalker: S. 26/27, © Christian Charisius/Reuters: S. 28/29, © Christian-haidl.de: S. 30, © Udo Kruse: S. 32/33, © Juulijs: S. 35, © rcfotostock: S. 37, © Ralf Gosch: S. 48/49, © thorabeti: S. 48/49, © oscity: S. 50/51, © Lars Niebling: S. 55, © Stefan: S. 87, © powell83: S. 88, © Nils Z.: S. 96/97, © JFL Photography: S. 99, © Starpics: S. 100, © Bastian Scheefe: S. 103, © gerthochmuth: S. 108, © ExQuisine: S. 109, © tilialucida: S. 118; Archäologisches Museum Hamburg: S. 17; dpa: S. 91; Funke Foto Services: Klaus Bodig: S. 21, Thorsten Ahlf: S. 81, 93, Marcelo Hernandez: S. 83; imago images: photothek: S. 36, piemags: S. 110, Stefan Zeitz: S. 111 o., teutopress: S. 111 u., Jürgen Ritter: S. 112, future image: S. 113 o., Heritage images: S. 113 m., United Archives International: S. 113 u.; Sven Kummereincke: S. 25; F. Laeisz GmbH: S. 42/43; Picture alliance: Christian Skrein: S. 18, dpa: S. 40, 41, 101, ullsteinbild: S. 45, 54, chromorange: S. 46/47, ZB/Soeren Stade: S. 58, imageBROKER/de Cluveland, J.: S. 59, blickwinkel/G. Franz: S. 60/61, Zoonar/Ulf Nannert: S. 62, imageBROKER: S. 76/77, United Archives/Schweigmann: S. 78, arkivi: S. 82, 107, dpa/Deutsches Zollmuseum: S. 84, imageBROKER/Ingeborg Knol: S. 89, United Archives/Pilz: S. 105; Wikipedia: gemeinfrei: S. 22/23, S. 31, S. 96/97, Wikipedia CC BX-SA 3.0 Michail Jungierek – Eigenes Werk: S. 39.

Bibliografische Information der Deutschen Nationalbibliothek
Die Deutsche Nationalbibliothek verzeichnet diese Publikation in der Deutschen Nationalbibliografie; detaillierte bibliografische Daten sind im Internet über portal.dnb.de abrufbar.

Impressum
1. Auflage April 2023
Layout und Satz: Medienwerkstatt Kai Münschke, Essen, www.satz.nrw
Umschlagabbildungen: Adobe Stock: Juulijs (Alfred Nobel), holger.l.berlin (Störtebeker), IndustryAndTravel (Rathaus), Heike (Hagenbeck), Carl-Jürgen Bautsch (Chilehaus)
Druck und Bindung: Linsen Druckcenter GmbH, Siemensstraße 12–14, 47533 Kleve

ISBN 978-3-8375-2528-1

KLARTEXT

Jakob Funke Medien Beteiligungs GmbH & Co. KG
Jakob-Funke-Platz 1, 45127 Essen
info.klartext@funkemedien.de
www.klartext-verlag.de

Störtebeker-Denkmal in der Speicherstadt

Auf! Auf!

Ja, man darf ungestraft in Hamburg ein Radler bestellen, die vielen Kanäle bewundern und einen Spaziergang in St. Pauli planen. Besser aber ist ein Alsterwasser, das man am Fleet trinkt, während der Bummel auf St. Pauli geplant wird.

„Auf St. Pauli“ heißt es seit Jahrhunderten, das liegt an der (für Hamburger Verhältnisse) sehr hügeligen Topografie – es gibt dort ja auch eine Straße namens „Hamburger Berg“ – die allerdings im 17. Jahrhundert zum Teil abgetragen wurde, als man eine neue Stadtbefestigung baute.

St. Pauli ist aber nicht der einzige Stadtteil, der zwingend mit einem „auf“ statt „in“ verbunden wird. So heißt es „auf Finkenwerder“. Das hat aber nichts mit Bergen zu tun, vielmehr verrät der Zusatz „Werder“ wie auch die Varianten -warder und wöhrde, dass es sich um eine Flussinsel handelt. Oder in diesem Fall: handelte.

Das dritte bekannte Beispiel ist Uhlenhorst, niederdeutsch für Eulennest. Der Stadtteil an der Außenalster gehört zu den begehrtesten (und teuersten) Quartieren Hamburgs und war auch mal eine Insel, wenn auch nur von kleineren Bächen umgeben. Man wohnt also auf der (und geht auf die) Uhlenhorst.

Villen am Feenteich auf der Uhlenhorst

Grüne Großstadt

Hamburg ist außerordentlich grün. Ja, politisch auch. Aber jetzt geht's um die Natur. Und da hat Hamburg mehr zu bieten als man einer Millionen-Metropole gemeinhin zutraut.

Rund 7000 Hektar oder neun Prozent der Gesamtfläche sind Naturschutzgebiete, von denen es 36 gibt. Und da ist das Hamburgische Wattenmeer (fast 14.000 Hektar) noch gar nicht eingerechnet.

Aber auch mitten in der Stadt herrscht oft Grün vor – immerhin rund 250.000 Straßenbäume gibt es (das wird mit einem eigenen Kataster erfasst), außerdem Hunderte kleine und große Parks. Die größten sind der Altonaer Volkspark mit 205 Hektar (wo auch

Friedhof Ohlsdorf

das gleichnamige Stadion steht) und der Stadtpark (148 Hektar). Mitten in der City liegt „Planten un Blomen“ (niederdeutsch für Pflanzen und Blumen), die Grüne Lunge auf 47 Hektar. Hier stand der erste Botanische Garten der Stadt, später gab es mehrere internationale Gartenausstellungen. Und dann gibt es da noch eine Grünanlage, die etwa so groß ist wie die drei erwähnten zusammen: den Friedhof Ohlsdorf. Es ist mit 389 Hektar der größte Parkfriedhof der Welt, rund 202.000 Grabstätten gibt es hier.

Knapp ein Fünftel der Hamburger Fläche wird übrigens landwirtschaftlich genutzt. Vor allem in den Vier- und Marschlanden im Südosten gibt es sehr viele Betriebe, die seit vielen Jahrhunderten die Stadt versorgen. Und auch ein Teil des „Alten Lands“ – das größte geschlossene Obstanbaugebiet Europas – gehört zu Hamburg (der größere Teil zu Niedersachsen). Hier herrschen Apfel- und Kirschbäume vor.

„Planten un Blomen“: Die Grüne Lunge der Stadt ist beliebtes Naherholungsgebiet für die Hamburger.

Altes Land

Dieses Kapitel wird noch vitaminreich. Sehr sogar. Dann geht es um zehn Millionen Obstbäume und 250 Millionen Kilogramm Äpfel, Birnen, Kirschen und Pflaumen, die jedes Jahr geerntet werden. Um Bilderbuchdörfer, Prunkpforten, alte Mühlen und vieles mehr. Aber weil es jetzt ja nun mal um das „Alte Land" geht, sollte diese Geschichte vielleicht von Beginn an erzählt werden. Und der liegt so bummelige 10.000 Jahre zurück ...

Damals endet so allmählich die (bisher) letzte Eiszeit. Die Gletscher schmelzen und hinterlassen zunächst gewaltige Wassermassen; die Elbe sucht sich so langsam ihr Flussbett und hinterlässt an ihrem südlichen Ufer viel Marschland: sehr feucht, sehr fruchtbar und lange Zeit sehr unbewohnt. Das wird sich erst im Hochmittelalter ändern. Das Klima ist günstig, die Bevölkerungszahlen steigen, und es werden mehr Anbauflächen benötigt, um alle ernähren zu können. Es ist die Zeit der großen Kolonisationen: Viele deutsche Siedler gehen gen Osten, aber auch das Kernland verändert sich. Große Waldflächen werden gerodet und urbar gemacht – und auch das Marschland wird jetzt interessant.

Dafür braucht man aber Spezialisten, und die gibt es in Holland. Dort haben die Menschen gelernt, dem Meer zu trotzen, und so werden im 12. Jahrhundert gezielt Holländer angeworben, um das Land südlich der Elbe zwischen Stade und Hamburg zu bearbeiten. Neben guten Konditionen dürfte auch die Natur eine Rolle gespielt haben, denn die niederländische Küste wurde in diesem Jahrhundert von gleich fünf gewaltigen Sturmfluten heimgesucht, die zigtausende Leben kosteten. Da schien das Leben im Binnenland wohl verlockend.

Die Holländer entwässerten den Boden mit Gräben und bauten Deiche. War eine Fläche urbar gemacht, nannten sie es das „alte Land", die noch unbearbeitete war logischerweise „neues

Sven Kummereincke

Hamburg

Populäre Irrtümer
und andere Wahrheiten

Inhalt

6 Zum Geleit
8 Steckbrief
10 Zahlen & Fakten
12 Moin
13 Eine deutsche Stadt
14 Ausgerechnet Bremen!
16 Die Alster-Metropole
18 Viel mehr als nur Rotlicht
22 Haste mal ’ne Mark?
24 Sieger auf dem Exerzierplatz
27 Beleidigen verboten!
28 Fliegen können wir auch
30 Backstein-Expressionisten
34 Der Erfinder auf dem Floß
36 Hamburger Du
37 Wir waren’s – Basta!
38 Der Papst bei den Barbaren
40 Schwimmende Legenden
44 Der kopflose Pirat
48 Auf! Auf!
50 Grüne Großstadt
54 Altes Land
60 Sport mit Tradition
63 Alter Schwede!
64 Hamburg. Eine Zeitreise
74 Ein Bergwerk in Hamburg
75 Fast Kolonie
76 Vier Goldstücke fürs Vaterland
78 Missingsch
80 Quiddje bleibt man ewig
81 Was machen Sie am Sonnabendabend?

82 Das muss dann mal wech
84 In Wasserlage
90 Verpönte Orden
92 Hat jemand Schönere?
94 Hamburger Dom
95 Ausland mitten im Hafen
96 War so, ist so, bleibt so
98 Bürgerstolz
102 Brauhaus der Hanse
104 Streifenwagen kann ja jeder
106 Raus aus dem Käfig
108 Trau dich!
110 Echte Hamburger
114 Das Quiz für echte Hamburg-Experten
119 Zitate

Zum Geleit

Sind Sie adlig? Falls ja: kein Problem. Sie sind trotzdem in Hamburg willkommen. Da sind wir tolerant geworden. Ja, geworden, und nein, das war natürlich nicht immer so. Die Aristokratie war in dieser Stadt jahrhundertelang verpönt. Hamburg hat seit dem Mittelalter weder einem Fürsten noch einem Pfaffen gestattet, die Stadt zu regieren. Es war eine Bürgerrepublik. Was aber nicht mit Demokratie verwechselt werden sollte – es war stets nur ein kleiner und reicher Teil der Bevölkerung, der das Sagen hatte: das Patriziat. Also Geldadel ...

Ein Hamburger Schloss wird man jedenfalls vergeblich suchen. Adligen war es im alten Hamburg sogar verboten, Grundbesitz zu erwerben und die Bürgerrechte zu erlangen. Als Kaiser Wilhelm II. zu Beginn des 20. Jahrhunderts den Hamburger Rudolf Schröder in den Adelsstand erheben wollte, merkte Bürgermeister Johann Burchard trocken an, er könne ihn höchstens darin versetzen – denn einen Hamburger Kaufmann könne man gar nicht mehr erheben. Gern wurde dann der hanseatische Grundsatz zitiert: „Über Dir kein Herr, unter Dir kein Knecht!"

Dieses Denken hat die Stadt jedenfalls stark geprägt, es ist Teil unserer DNA. Pragmatismus, Toleranz und Liberalität gehörten genauso dazu wie eine gewisse Borniertheit gegenüber allem, was keine Einnahmen verspricht. Kunst und Wissenschaft hatten es wahrlich nicht immer leicht in dieser Stadt ...

Manche sagen, dass es die Stadt bis heute Neuankömmlingen nicht leicht mache. Doch das stimmt nicht – Hamburg ist nur nicht wie das Mädchen, das einen schon am ersten Abend leidenschaftlich küsst. Ein wenig Geduld muss man schon haben. Es wird sich lohnen. Versprochen.

Steckbrief

Name: Hamburch
Früheste menschliche Spuren: Altsteinzeit (15.000 v. Chr.)
Erste Besiedlung: 4. Jahrhundert v. Chr. (germanische Dörfer)
Gründung Hamburgs: Bau der Hammaburg in der zweiten Hälfte des 8. Jahrhunderts
Stadtrechte: 1189
Gruß: Moin
Einwohner: 1,906 Millionen (31.12.2021)
Größtes Volksfest: Hafengeburtstag
Berge: Der Hasselbrack misst stolze 11.620 Zentimeter …
Traditionsessen: Labskaus/Pannfisch/Birnen, Bohnen und Speck
Flughäfen: Hamburg Airport Helmut Schmidt/Betriebsflughafen Airbus
Sport: neben Fußball vor allem Hockey, Rudern, Kanu, Segeln
Schwarze Stunde: „Operation Gomorrha" im Sommer 1943 – bei den Bombenangriffen starben mindestens 34.000 Menschen.

WANDSBEK
EIMS-
BÜTTEL
NORD
ALTONA
MITTE
HARBURG
BERGEDORF

Zahlen & Fakten

Etwa **1,32 Millionen Menschen** arbeiten in Hamburg.

Rund **87 Prozent** von ihnen sind im Dienstleistungssektor tätig.

Der durchschnittliche Brutto-Stundenlohn beträgt **42,85 Euro** (inkl. Arbeitgeberanteil Sozialversicherung) – das ist der höchste Wert aller 16 Bundesländer.

Täglich pendeln rund **350.000 Arbeitnehmer** zum Arbeiten nach Hamburg – etwa **110.000 Hamburger** arbeiten in einer anderen Stadt.

In Hamburg gibt es **112.000 Studierende** an **24 Hochschulen**, darunter **13 private**.

Die größte ist die Hamburger Universität **(44.000)**, gefolgt von der Hochschule für Angewandte Wissenschaften **(17.000)** und der Technischen Universität **(7800)**.

In Hamburg leben **1,89 Millionen Menschen** – so viele wie nie zuvor. Die Frauen sind mit 960.000 leicht in der Überzahl. In der Rangliste der weltweit größten Städte liegt Hamburg auf Platz 168.

Seit dem Jahr 2000 ist die Bevölkerungszahl um **190.000** gestiegen.

Jährlich verlassen rund **87.000 Menschen** die Stadt, etwa **87.000** ziehen nach Hamburg. Gleichstand!

Seit Jahren hat Hamburg einen Geburtenüberschuss – 2021 gab es **21.000 Geburten** und **18.800 Todesfälle**.

320.000 Hamburger sind Ausländer, 670.000 oder **35 Prozent** haben einen Migrationshintergrund.

16,7 Prozent der Hamburger sind jünger als 18 Jahre, **18,0 Prozent** älter als 65.

54,5 Prozent der rund 1.080.000 Haushalte werden nur von einer Person bewohnt.

Durchschnittsalter: **42,2 Jahre** (jüngste Bevölkerung aller Bundesländer)

Moin

Dass man in Hamburg an jedem Ort und zu jeder Tages- und Nachtzeit mit einem schlichten „Moin“ als Gruß richtig liegt, ist natürlich kein Irrtum, sondern die reine Wahrheit. Morgens beim Bäcker ist es genauso richtig wie abends in der Kneipe; der Busfahrer wird es ebenso goutieren wie der Bürgermeister. Dass alle, die ein herzhaftes „Moin, Moin“ von sich geben, bereits als Schwätzer gelten, ist allerdings eine Fehlinformation. Das doppelte Moin ist durchaus akzeptiert und gilt eher als Ausdruck guter Laune. Alle Gäste, die nicht nur Hamburg, sondern noch nördlichere Gefilde Deutschlands bereisen, seien aber gewarnt: Nicht alle sind so tolerant wie Hamburger. In Dithmarschen oder Nordfriesland beispielsweise gelten Dialoge wie

„Moin.“

„Moin.“

„Wie geit?“

„Mutt.“

bereits als erschöpfendes Gespräch. Mit strenger verbaler Zurückhaltung können Sie sich der Dankbarkeit der Friesen und Dithmarscher sicher sein. Auch wenn es Ihnen niemand sagen wird …

Eine deutsche Stadt

Ist Hamburg eine deutsche Stadt? Die Frage erscheint erst einmal außerordentlich dämlich, ist aber gar nicht so absurd. Beginnen wir mit dem Wort „eine“: Eigentlich besteht Hamburg aus vier, genau genommen sogar fünf Städten. Da ist Bergedorf im Südosten, das schon eine Stadt war, als es 1420 von Hamburg und Lübeck erobert und mehr als 400 Jahre lang gemeinsam verwaltet wurde. Seit 1867 gehört es offiziell zu Hamburg, hat aber bis heute sein Eigenleben bewahrt. Hamburg in seinen heutigen Grenzen existiert sogar erst seit 1937. Bis dahin nämlich waren Wandsbek im Osten, Altona im Westen und Harburg im Süden eigenständige Städte mit eigenen Verwaltungen und Bürgermeistern. „Vier-Städte-Gebiet“ war der weit verbreitete Begriff für das Ballungszentrum, in dem die Grenze manchmal in der Mitte einer dicht besiedelten Straße verlief.

All das fand mit dem „Groß-Hamburg-Gesetz“ sein Ende, mit dem Hamburg die anderen Städte eingemeindete, aber auch Gebiete abtreten musste, zum Beispiel Geesthacht elbaufwärts und Cuxhaven an der Elbmündung, das seit dem Spätmittelalter als Stützpunkt zu Hamburg gehört hatte, um die Schifffahrt zu sichern.

Dann wäre da noch die Frage nach der „deutschen“ Stadt, die viele Jahrhunderte ungeklärt war. Zum einen, weil die dänischen Könige die Stadt für sich beanspruchten; zum anderen aber, weil die Stadtväter lange gar keinen Wert darauf legten, offiziell eine deutsche Reichsstadt zu werden. Sie lavierten lieber politisch zwischen Dänemark und Deutschland, um politisch daraus Vorteile zu ziehen. Erst 1768 wurde im „Gottorper Vertrag“ geregelt, dass Dänemark auf alle Ansprüche verzichtet. Gegen eine Geldzahlung, versteht sich.

Dennoch wechselte Hamburg noch einmal seine „Nationalität“. 1806 besetzten Truppen Napoleons die Stadt, 1811 wurde Hamburg sogar offiziell eine französische Stadt – drei Jahre später endete dieses Kapitel mit der Niederlage Napoleons. Die „Franzosentid“ (Franzosenzeit) ist aber noch heute ein gängiger Begriff.

Ausgerechnet Bremen!

Wie langweilig wäre das Leben doch ohne Rivalitäten. Das gilt für Unternehmen wie für Sportler, für Wissenschaftler und natürlich auch für Städte. Hamburg misst sich dabei aber nicht etwa mit anderen Millionenstädten (schon gar nicht preußischen, rheinländischen oder gar bayerischen) – nein, unser Lieblingsgegner ist natürlich Bremen.

Hamburger und Bremer sind einander in herzlicher Abneigung verbunden, das wird beiderseits traditionell gepflegt, und zwar keineswegs nur im Fußball. Dass wir uns eigentlich schätzen und mögen, würden wir niemals zugeben.

„Hamburg ist das Tor zur Welt, aber Bremen hat den Schlüssel dazu", ist ein klassischer Spruch, der natürlich Bezug auf das Bremer Stadtwappen nimmt. „Das Schönste an Bremen ist die Autobahn nach Hamburg", kommt dann gern zurück, oder auch: „Bremen, der Vorort von Delmenhorst". Einig ist man sich eigentlich nur in der Existenzberechtigung von Stadtstaaten und der Geringschätzung Hannovers.

Diese Rivalität hat natürlich in erster Linie damit zu tun, dass es so viele Gemeinsamkeiten gibt: Zwei alte Hansestädte mit den beiden größten deutschen Seehäfen, alter Kaufmannstradition, sehr viel Bürgerstolz, Liberalität, Gelassenheit und Pragmatismus. Nur dass das meiste in Bremen eben eine Nummer kleiner ist: die Stadt, der Fluss, der Hafen. Und auch das Rathaus, das ist aber eben auch bedeutend älter und (zugegebenermaßen) schöner.

Eigentlich fing alles schon vor mehr als 1000 Jahren an, als das Erzbistum gegründet wurde mit dem Heiligen Ansgar als ersten Bischof. Der hatte seinen Sitz in Hamburg – bis dänische Raufbolde im Jahr 845 die Hammaburg stürmten und plünderten und Ansgar nach Bremen flüchtete. Was uns die Bremer nie verziehen haben, denn die mussten sich noch Jahrhunderte später mit dem

Erzbischof darüber streiten, ob die Bürger oder die Kirche in der Stadt das Sagen haben …

So richtig in ihrem Stolz verletzt wurden die Bremer auch 1970 – wegen einer Fusion. Denn die traditionsreiche Reederei Norddeutscher Lloyd verschmolz mit der Hamburger Hapag zu Hapag-Lloyd – die neue Großreederei nahm ihren Sitz aber in Hamburg direkt an der Alster. Ein wenig Genugtuung gab es 2016, als die Bremer Lürssen-Werft Hamburgs größte Werft Blohm+Voss übernahm.

Der größte Bremer Triumph wird aber an ganz anderer Stelle sichtbar: am Hamburger Rathaus. An der Fassade des 1897 eingeweihten Prunkbaus sind aus alter Verbundenheit viele Wappen anderer Hansestädte angebracht. Und das Bremer prangt (ausgerechnet) direkt über dem Bürgermeister-Amtszimmer ganz auf der rechten Seite. Doch damit nicht genug: Der gegenwärtige Erste Bürgermeister Peter Tschentscher wurde wo geboren? Genau, in Bremen …

Die Alster-Metropole

Hamburg ist eine Stadt an der Elbe. Das ist zugegebenermaßen nicht gerade eine Insiderinformation – aber die kommt jetzt: Hamburg war nämlich keineswegs schon immer eine Stadt an der Elbe.

Denn die namensgebende Hammaburg wurde im 8. Jahrhundert auf einer Landzunge gebaut, die von drei Seiten von der Alster und der Bille umflossen wurde. Südlich davon vereinigten sich beide und flossen dann in die Elbe. Der Wortursprung von „hamma" liegt im Altgermanischen und bedeutet Biegung/Landzunge.

Die Hammaburg, nach der lange vergeblich gesucht wurde, ist mittlerweile sicher lokalisiert: Sie stand auf dem heutigen Domplatz, südlich der Petrikirche. Nach Alsterarmen sucht man allerdings vergeblich. Der Fluss wurde im 13. Jahrhundert aufgestaut, was Hamburg den berühmten See mitten in der Stadt bescherte; die Wasserläufe wurden vielfach umgeleitet und mit Kanälen (die wir in Hamburg Fleete nennen) ergänzt.

Die ersten Häfen der Stadt waren logischerweise Alsterhäfen, auch wenn es sich zunächst eher um schlichte Anlegestellen handelte. Der erste größere Hafen entstand Ende des 12. Jahrhunderts, als die Neustadt gegründet wurde, die ein paar Hundert Meter westlich der Keimzelle liegt. Jetzt begann das rasante Wachstum der vormals nicht sehr bedeutenden Siedlung, und an einem Alsterarm (dem heutigen Nikolaifleet) wurden Hafenanlagen errichtet. Nun begannen die Hamburger mit Eindeichungen und erschlossen so das Land direkt an der Elbe. Weil die Alster wegen der Aufstauung immer weniger Wasser führte, wurde der Hafen bald an die Mündung zur Elbe verlegt. Dieser älteste Teil des heutigen Hafens ist der Binnenhafen nördlich der Speicherstadt.

Die erste kleine Siedlung (Hamburg hatte im 9. Jahrhundert wohl nur 200 Einwohner) direkt an der Elbe zu gründen, wäre jedenfalls nicht sehr clever gewesen: zum einen wegen der Sturmfluten, zum anderen, weil man bis auf den Fluss im Süden zu drei Seiten ungeschützt gewesen wäre. Die Hammaburg lag hingegen leicht erhöht auf einem Geestrücken und war von drei Seiten von Wasser umgeben. Was allerdings auch nichts genützt hat, als 845 die Wikinger kamen und die Hammaburg plünderten und zerstörten. Aber das ist eine andere Geschichte.

Rekonstruktion der Hammaburg im heutigen Stadtbild

Viel mehr als nur Rotlicht

Ach, St. Pauli! Es sind so viele Bücher geschrieben und Filme gedreht worden über diesen berühmtesten der 104 Hamburger Stadtteile, was soll man da in wenigen Zeilen beschreiben? Es ist eben ein Mythos, der sich immer wieder neu erfindet (und vermarktet). Ja, Sex und Drogen gibt es immer noch an jeder Ecke zu kaufen, aber St. Pauli ist so viel mehr. Hier gibt es die besten Musik-Clubs, die spannendsten Kneipen, hervorragende Theater – und hier lebt immer noch ein ganz besonderer Menschenschlag. St. Paulianer sind ärmer, direkter, hilfsbereiter, härter, frotzeliger und solidarischer als die Menschen irgendwo sonst in dieser Stadt.

Mit ein paar Legenden sei an dieser Stelle auch aufgeräumt: Die „Große Freiheit" war eine Straße in Altona – zu St. Pauli gehört sie erst seit 1937. Sie heißt auch nicht etwa so, weil es hier in Sachen Prostitution und schlüpfriger Bühnendarstellungen liberal zugegangen wäre, sondern weil in Altona (im Gegensatz zu Hamburg) Religionsfreiheit galt. Katholiken, Mennoniten und andere Nicht-Lutheraner durften sich hier als Handwerker niederlassen.

Die Beatles bei ihrer Ankunft in Hamburg 1965

Die Beatles hatten ihren ersten Auftritt keineswegs im Star Club, sondern im Indra – den Club an der Großen Freiheit gibt es heute noch und er ist unbedingt einen Besuch wert.

Die Davidwache ist eigentlich schlicht das

Polizeikommissariat 15. Weil die an der Davidstraße gelegene Wache aber im Volksmund seit Ewigkeiten eben Davidwache heißt, erlaubte die Innenbehörde 1970, dass sie auch offiziell so heißen möge. Der Name Davidstraße hat übrigens keinen besonderen Hintergrund – Ende des 18. Jahrhunderts ordneten die Stadtväter die alphabetische Benennung von Straßen mit Vornamen an. Daher gibt es unter anderem auch die Erich- und die Gerhardstraße auf St. Pauli.

Auch die berühmte Herbertstraße hat daher ihren Namen. Dort sitzen bekanntlich Prostituierte in Schaufenstern – und die Straße ist an beiden Seiten mit einem Sichtschutz versehen, was natürlich die Neugier steigert. Aufgestellt wurde er 1933 auf Veranlassung der Nationalsozialisten, die Prostitution offiziell verboten hatten. Weil das aber natürlich nicht durchsetzbar war, wurde sie nur in der Herbertstraße geduldet. Was aber keiner sehen sollte.

Hans Albers übrigens ist kein St. Paulianer (auch wenn sein Denkmal auf dem nach ihm benannten Platz steht) – er wurde in St. Georg geboren. Und in dem Ufa-Klassiker „Große Freiheit Nr. 7" trinkt er „Bill-Bräu" und keineswegs das auf St. Pauli gebraute Astra.

„Zutritt für Jugendliche unter 18 und Frauen verboten" – die berühmt-berüchtigte Herbertstraße

Hans-Albers-Denkmal

Haste mal 'ne Mark?

Die Steuerschuld ist ja bekanntlich fast genauso alt wie die Steuer an sich. In Hamburg allerdings gab es bis 1918 eine ganz besondere Form der Steuerschuld – und die betraf ausschließlich ebenso wohlhabende wie grundsätzlich zahlungswillige Bürger. Diese gar nicht so kleine Gruppe zahlte alljährlich exakt eine Mark zu wenig. Die unvermeidlichen Mahnungen wurden so lange ignoriert, bis es zur Pfändung kam – dann wechselte die eine Mark in das Steuersäckel. Der Grund für dieses merkwürdige Gebaren war, man kann es nicht anders sagen, Drückebergertum: Die säumigen Zahler wollten unbedingt vermeiden, in ein öffentliches Amt berufen zu werden.

Um das zu erklären, muss man sich die bis 1919 geltende Verfassung anschauen. Die übrigens nicht nur völlig undemokratisch, sondern auch aus anderen Gründen selbst für damalige Verhältnisse altertümlich war. So durfte nur ein öffentliches Amt

bekleiden, wer über Grundbesitz in der damals ja viel kleineren Stadt verfügte. Was dazu führte, dass es Grundstücke gab, die in kleinste Parzellen aufgeteilt wurden, um ambitionierten Hamburgern den Weg ins Rathaus zu ermöglichen. Schließlich galt es als höchste Ehre, in den Senat berufen zu werden.

Nun war es aber auch so, dass Grundbesitzer nicht nur Rechte hatten – sondern auch Pflichten. Und es war verboten, ein Amt abzulehnen. Wer das tat, verlor nicht nur seinen Ruf, sondern auch sein Bürgerrecht.

Aufgaben in einer Deputation (heute würde man Fachbehörde sagen) oder gar im Senat waren allerdings eher schlecht bezahlt und sehr arbeitsintensiv. Viele Kaufleute mussten ihren Beruf aufgeben, wenn sie in den Senat gewählt wurden. Zurücktreten durfte man aber auch nicht, das war frühestens nach sechs Jahren Amtszeit oder ab 60 Jahren möglich. Deswegen flüchteten sich manche in die Steuerhinterziehung – denn wer der Stadt Geld schuldete (und sei es nur eine Mark), konnte natürlich kein Amt bekleiden.

Einzug des Senats in das neue Rathaus, 1897. Gemälde von Hugo Vogel

Sieger auf dem Exerzierplatz

Ja, ja, der Fußball hat in Hamburg schon erfolgreichere Tage erlebt. Deswegen geht es jetzt auch sofort in die Vergangenheit, gewissermaßen in die Antike des deutschen Fußballs. In das Jahr 1903, als der gerade drei Jahre alte Deutsche Fußball-Bund die erste Deutsche Meisterschaft austragen ließ. Zugegeben: Es war nie wieder so einfach, den Titel zu gewinnen. Denn nur sechs (!) Vereine machten überhaupt mit. Dabei hatte der DFB immerhin 86 Gründungsclubs, darunter auch den SC Victoria Hamburg und Altona 93. Letzterer war einer der sechs Teilnehmer – und hatte die Ehre, das erste Endspiel veranstalten zu dürfen. Die ehrwürdige Adolf-Jäger-Kampfbahn, in der der Verein bis heute seine Spiele austrägt, gab es leider noch nicht: Das Stadion wurde erst 1908 eröffnet.

Andere gab es aber auch nicht, und so entschied man sich für einen Exerzierplatz, auf dem das Finale am 31. Mai 1903 stattfinden sollte. Leider ohne Altona 93 – das Team um Kapitän Franz Behr verlor das Halbfinale beim VfB Leipzig.

Der Gegner hieß DfC Prag – und das ist aus vielen Gründen kurios. Warum Prag bitte? Einen tschechischen Staat gab es damals zwar noch nicht, aber die Stadt gehörte zu Österreich-Ungarn. Mitmachen durfte der Verein, weil er hauptsächlich deutsche Studenten als Mitglieder hatte. Und die hatten erst Glück und waren dann reichlich unfair: Ins Halbfinale kamen sie kampflos (sechs reichen ja nicht für ein Viertelfinale). Dieses Semifinale sollte in Leipzig stattfinden, gegen Karlsruhe. Doch ein betrügerischer Prager Student schickte ein Telegramm nach Baden: Das Spiel sei verlegt. Also reisten die Karlsruher nicht an, und die Studenten kamen mit dem Foulspiel durch und zogen, abermals kampflos, ins Finale ein.

Den Trip nach Hamburg nutzten die Prager Jungs für einen ausgiebigen Reeperbahnbummel, was ihnen beim Spiel am Tag darauf aber nicht gut bekam: Die Leipziger (und die Gerechtigkeit) siegten, in diesem Fall mit 7:2. Altonas Stürmer Franz Behr hatte übrigens die Tore aufgebaut, das Spielfeld abgemessen und war Kassierer (immerhin kamen rund 2000 Besucher). Ach ja, Schiedsrichter war er auch noch. Allerdings musste er verspätet anpfeifen, denn zunächst hatte man eine Kleinigkeit vergessen – niemand hatte einen Ball mitgebracht ...

Der Ort dieses historischen Finales müsste nun eigentlich eine Kultstätte für Fußballromantiker sein. Aber den Exerzierplatz gibt es natürlich nicht mehr. Auch keine Wiese. Ein schnödes Gewerbegebiet wurde dort errichtet. Immerhin haben vor ein paar Jahren einige Enthusiasten (nicht der DFB) eine kleine Gedenktafel installiert.

Ein Besuch lohnt sich also nicht wirklich. Ganz im Gegensatz zur Adolf-Jäger-Kampfbahn, in der das Herz jedes Fußballromantikers aufgeht. Nicht nur wegen des schönen alten Stadions, auch wegen der sehr kreativen und lustigen Fanszene – und die vielleicht besten Fischbrötchen der Stadt gibt es auch noch (geliefert von „Brücke 10“ direkt an den Landungsbrücken). Noch ein Jahr älter übrigens ist das Hoheluft-Stadion des SC Victoria mit einer wunderschönen Holztribüne. Fischbrötchen gibt es dort zwar nicht, aber eine sehr ordentliche Bratwurst.

Der Eingang der Adolf-Jäger-Kampfbahn steht unter Denkmalschutz.

Beleidigen verboten!

Es ist gesetzlich verboten, zu beleidigen, zu verletzen und zu töten. Ach was, werden Sie sagen. Bei diesem Gesetz aus dem Jahre 1664 geht es allerdings nicht um Menschen, sondern um Schwäne.

Hamburgs berühmte Alsterschwäne, genauer gesagt. Sie gelten als Symbol der städtischen Freiheit, und der Legende nach würde Hamburg sie verlieren, wenn es keine Schwäne mehr geben sollte. Und so gibt es bis heute einen städtischen Beamten, der sich um sie kümmert: den „Schwanenvater". Er pflegt verletzte Tiere, fängt alle im Herbst ein und bringt sie ins Winterquartier und im Frühling wieder zurück. Und achtet darauf, dass sie ja keiner beleidigt ...

Fliegen können wir auch

Natürlich ist auch in Hamburg der Dienstleistungssektor der wirtschaftlich bedeutendste; der Hafen hat auch noch immer große Bedeutung und der Medienstandort gehört noch immer zu den wichtigsten in Deutschland. Eine wirklich überragende wirtschaftliche Position hat Hamburg aber in einem anderen Sektor: der Luftfahrtindustrie. „Lufthansa Technik" am Flughafen Fuhlsbüttel und natürlich Airbus sind die größten Arbeitgeber – insgesamt arbeiten mehr als 40.000 Menschen in der Luftfahrtbranche, zu der rund 300 Zulieferbetriebe und mehrere Forschungseinrichtungen gehören. Damit ist Hamburg der drittgrößte Standort der Welt: nach Seattle und Toulouse.

Diese Entwicklung fußt auf einer langen Tradition. Der Flughafen Fuhlsbüttel (der heute offiziell Hamburg Airport Helmut Schmidt heißt) wurde bereits 1911 eröffnet und ist einer der ältesten Deutschlands. Auf Finkenwerder nahm 1933 „Hamburger Flugzeugbau“ die Produktion auf, damals eine Tochter der Schiffswerft Blohm+Voss. Das war die Keimzelle des heutigen Airbus-Werks.

Backstein-Expressionisten

Für viele ist es das architektonische Juwel Hamburgs: das Kontorhausviertel in der südlichen Altstadt. „Backstein-Expressionismus“ nennen Experten den vorherrschenden Baustil, dessen Blüte hier in den 1920er-Jahren zum Tragen kam.

Das berühmteste (und wohl auch schönste) Haus des Viertels ist das Chilehaus, das von 1922 bis 1924 entstand. Der Unternehmer Henry Sloman, einer der reichsten Hamburger seiner Zeit, beauftragte den Architekten Fritz Höger mit dem Bau, dessen spitz zulaufende Form an einen Schiffsbug erinnert. Seinen Namen erhielt es, weil Sloman sein Vermögen vor allem mit dem Chile-Handel gemacht hatte.

Das erste Kontorhaus ist sehr viel älter: Es ist der 1886 fertiggestellte Dovenhof. Es war der erste Bau nach nordamerikanischem Vorbild und ein reines Büro- und Handelsgebäude. Der Dovenhof verfügte über einen „Paternoster“, es war der erste Fahrstuhl auf dem europäischen Kontinent. Noch

Das Chilehaus

Kontorhaus Dovenhof um 1900

heute macht es fassungslos, dass diese architektonische Perle (die den Krieg weitgehend unbeschadet überstanden hatte) 1967 abgerissen wurde, um einem Hochhaus Platz zu machen, in das der „Spiegel" einzog.

Die meisten der gut ein Dutzend Kontorhäuser entstanden in den 1920er-Jahren. An ihrer Stelle hatten sich zuvor die berüchtigten Gängeviertel befunden – enge Elendsviertel, die man nach der Cholera-Epidemie 1892 nach und nach abriss. Für die Bewohner wurden unter der Ägide des Oberbaudirektors Fritz Schumacher (der Hamburgs Aussehen prägte wie keiner vor oder nach ihm) moderne Quartiere errichtet. Dazu gehörte die „Jarrestadt" in Winterhude, die Wohnungen mit Bad, Küche und fließend warmen Wasser bot – damals geradezu ein Luxus. Die lichtdurchfluteten Wohnungen mit begrünten Innenhöfen wurden Vorbild für viele Nachahmerprojekte.

Die Jarrestadt steht unter Denkmalschutz – das Kontorhausviertel gehört seit 2015 (gemeinsam mit der Speicherstadt) sogar zum Weltkulturerbe. Womit sogar in Hamburg ausgeschlossen sein sollte, dass sie eines Tages abgerissen werden …

Blick über das Kontorhausviertel

AHA!

Der Erfinder auf dem Floß

Es gab sicher segensreichere Erfindungen als die des Dynamits, auch wenn es nicht nur militärisch, sondern auch beim Bau von Tunneln etwa genutzt wurde. Wer es erfunden hat, weiß jeder: der Schwede Alfred Nobel. Wo er es getan hat, weiß kaum jemand – nämlich auf Hamburger Gebiet.

Genauer gesagt: auf einem Floß mitten auf der Elbe bei Geesthacht, das damals – im Oktober 1866 – zu Hamburg gehörte.

Nobel verließ Schweden, weil es dort bei seinen Experimenten mehrere Todesfälle gegeben hatte (auch sein Bruder starb dabei). Die Behörden untersagten ihm seine Forschungen. Also ging er 1865 ins noch unabhängige Hamburg und gründete dort „Alfred Nobel & Co.". Er fand bei Geesthacht ein geeignetes Gelände („Der Krümmel" hieß es) und errichtete dort seine Nitroglycerinfabrik. Weil der hochexplosive Stoff nicht sicher zu handhaben war, kam es auch dort zu Unfällen. Bis Nobel auf dem Floß (aus Sicherheitsgründen bastelte er mitten auf dem Fluss) aus Nitroglycerin, Natriumcarbonat und Kieselgur (einem aus fossilen Algen gewonnenen Stoff) das Dynamit herstellte. Es war natürlich auch hochexplosiv, aber risikolos zu transportieren und zu zünden.

Nobel wurde schwerreich und in Krümmel entstand eine Munitionsfabrik. Die Anlagen wurden immer größer, sie waren bis 1945 eine der wichtigsten Produktionsstätten in Deutschland. Heute steht dort – und das ist ja irgendwie passend – ein Atomkraftwerk.

Hamburger Du

„Richard, da muss ich Ihnen widersprechen." Das war so ein typischer Satz von Helmut Schmidt im Gespräch mit seinem Freund Richard von Weizsäcker.

Typisch, weil Schmidt natürlich widersprach. Und weil er den Alt-Bundespräsidenten mit Vornamen ansprach, aber dennoch siezte. Das war durchaus keine Marotte des Hamburger Ehrenbürgers, sondern ist immer noch verbreitet und nennt sich „Hamburger Sie". Es ist ein Zeichen der Vertrautheit und des Respekts, man drückt damit eine Verbundenheit aus, wahrt aber dennoch eine gewisse Distanz.

Das Pendant dazu ist natürlich das „Hamburger Du", was bei Schmidt und seiner Sekretärin dann etwa so ging: „Frau Meier, bring mir doch mal 'nen Kaffee." Eine ganz spezielle Form entwickelten der langjährige NDR-Sportchef Gerhard Delling und sein enger Freund Günter Netzer. Beide siezen sich zwar vor und hinter der Kamera, lassen aber das Herr weg, sobald sie in der dritten Person voneinander sprechen („Eigentlich ist alles beredet, aber Delling hört einfach nicht auf zu reden").

Richard von Weizsäcker und Helmut Schmidt im Gespräch, 1981

Wir waren's – Basta!

Es gibt Fragen, mit denen befassen sich Hamburger ausgesprochen gelassen. In welcher Stadt lebt es sich am besten? Welche ist die schönste? Wo gibt es die besten Clubs, Theater, Kneipen, Konzerthäuser? Alles Fragen, über die zu diskutieren keinen Sinn ergibt. Der eine sieht es so, die andere so. Was soll's.

Es gibt aber auch Fragen, über die zu diskutieren überhaupt keinen Sinn ergibt. Weil sie sehr viel ernster sind. Und die Antwort so eindeutig ist. Womit wir bei der Currywurst wären. Die Wurst, von der nicht nur die Berliner, sondern neuerdings auch die Ruhrgebietler behaupten, sie erfunden zu haben. Welche Anmaßung! Dass die erste Currywurst der Weltgeschichte 1947 in einem Imbiss am Großneumarkt in Hamburg verkauft wurde, bleibt nun mal eine unbestreitbare Tatsache. Nicht nur wegen Uwe Timm, dessen berühmter Roman („Die Entdeckung der Currywurst") darauf basiert, sondern auch, weil ich einen Freund habe, dessen Onkel jemanden kennt, der dort als Junge 1948 eine gegessen hat. Womit die Sache ja wohl endgültig geklärt wäre.

Bleibt nur noch die Frage, wo es die beste Currywurst der Stadt gibt. Auch da gibt es natürlich keine eindeutige Antwort, kommt eben darauf an, wen man fragt. Mich? Na gut, ich verrate es: bei Schorsch am Neuen Pferdemarkt (Beim Grünen Jäger 19). Guten Appetit!

Der Papst bei den Barbaren

Als Papst-Residenz ist Hamburg nun wirklich nicht in die Geschichte eingegangen. Dabei hat tatsächlich mal einer seinen Lebensabend hier verbracht. Allerdings höchst unfreiwillig – Papst Benedikt V. war 964 als Verbannter in den hohen Norden gekommen.

Der römische Stadtadel, dem auch er entstammte, hatte ihn im selben Jahr auf den Stuhl Petri gesetzt und damit den Zorn von Kaiser Otto I. auf sich gezogen. Denn zuvor hatten die Römer den auf Ottos Wunsch gewählten Papst Leo VIII. aus der Stadt gejagt. Der Kaiser zog daraufhin nach Rom, setzte Leo wieder ein und verbannte Benedikt in die tiefste Provinz seines Reiches – und das war damals das noch kleine und unbedeutende Hamburg.

Benedikt wurde in seinem Exil zwar respektvoll behandelt, war aber todunglücklich. Der hochgebildete und an Luxus gewöhnte Mann war in dem gerade mal 500 Einwohner zählenden Hamburg kulinarisch und intellektuell auf Zwangsdiät. „Bei Euch Hyperboreern kann kein italisch Herz warm werden", soll er gesagt haben. So nannten die Griechen ein sagenhaftes, kaltes Barbarenland hoch im Norden. Tatsächlich starb Benedikt, dessen Geburtsdatum nicht überliefert ist, nach nicht mal einem Jahr am 4. Juli 965 in Hamburg und wurde im Mariendom, einer schlichten Holzkirche, begraben. Mehr als drei Jahrzehnte ruhte er dort, dann wurden seine Gebeine 999 auf Wunsch von Kaiser Otto III. nach Rom überführt. Die Hamburger aber ehrten den Papst und schufen einen sogenannten Kenotaphen – ein leeres Grabmal, das bis 1805 im neu erbauten, backsteingotischen Mariendom stand. Dann wurde die Kirche abgerissen, wobei auch alle Grabmäler zerstört wurden.

Scherbe vom
Kenotaph in Hamburg,
Terracotta, vermutlich
ca. 13. Jahrhundert.
Ausstellungsstück im Museum
für Hamburgische Geschichte

Schwimmende Legenden

„Ick heff mol en Hamborger Veermaster sehn" – das ist das vielleicht berühmteste Volkslied der Stadt, das sogar heute (fast) noch jedes Kind kennt. Nur dass die meisten lange keinen mehr gesehen haben.

Carl Ferdinand Laeisz (1853–1900)

Das aber ändert sich, denn die Stadt hat die „Peking" gekauft: ein im Auftrag einer Hamburger Reederei von einer Hamburger Werft gebauter Viermaster. Das Schiff, das lange in New York als Museumsschiff vor sich hinrostete, wird, frisch saniert, das Prunkstück des Deutschen Hafenmuseums sein, das 2029 eröffnet werden soll.

Die „Peking" ist einer der (hier ist das Wort einmal wirklich angebracht) legendären „Flying P-Liner" der Laeisz-Reederei, die es bis heute gibt und die ihren Sitz an der Trostbrücke mitten in der Stadt hat. Wer sich das wunderschöne Gebäude anschaut, wird oben eine Tierskulptur entdecken: einen steinernen Pudel. Dahinter verbirgt sich die ebenso schöne wie etwas skurrile Geschichte, die erklärt, warum die Reederei allen Schiffen einen Namen gab (und gibt), der mit dem Buchstaben P beginnt. Das hat mit der Frisur von Sophie Laeisz zu tun, der Ehefrau von Carl Laeisz, dem Sohn des Firmengründers Ferdinand: Auf ihrem Kopf fand sich eine nicht zu bändigende Lockenpracht. Weshalb ihr Mann sie – durchaus liebevoll – „Pudel" nannte. Und beschloss, den 1857 in

Auftrag gegebenen ersten Neubau der Reederei ebenfalls „Pudel“ zu nennen. Das „P“ ist seitdem Firmengesetz.

Die Geschichte der Reederei ist aber aus anderen Gründen besonders. Denn die Firma setzte auch noch auf Segelschiffe, als fast alle anderen längst auf Kohle und später Diesel umgestellt hatten. Das begeisterte nicht nur die maritimen Romantiker – es rechnete sich!

Vor allem die Viermaster waren sehr rentabel: Extrem solide gebaut und dennoch schnell, wurden sie vor allem auf den Südamerika-Linien im Salpeter-Handel eingesetzt. Dabei mussten die Schiffe stets das wegen der vorherrschenden Stürme berüchtigte Kap Hoorn passieren. Voller Stolz nennen sich alle Seeleute „Kap Hoorniers“, wenn sie die Route auf einem Segelschiff bewältigt haben.

Weil die Schiffe kaum langsamer waren als motorbetriebene Schiffe, aber weniger Kosten verursachten, funktionierte das Geschäftsmodell bis in die 1930er-Jahre hinein. 1926 noch wurde ein Neubau (der letzte) in Auftrag gegeben: die „Padua“. Sie

kam später als Kriegsentschädigung an die Sowjetunion und fährt noch heute als „Kruzenshtern“ („Krusenstern“) unter russischer Flagge.

Erhalten ist auch das Schwesterschiff der „Peking“, die „Passat“: Sie liegt als Museumsschiff in Travemünde, genauer gesagt im Hafen der Halbinsel Priwall – nach der ebenfalls ein P-Liner benannt wurde. Die „Priwall“ stellte 1938 einen Rekord auf, als sie das Kap Hoorn in Ost-West-Richtung in fünf Tagen und 14 Stunden umsegelte. Das Schiff wurde später konfisziert und segelte unter chilenischer Flagge – 1945 ging es nach einem Ladungsbrand unter.

Insgesamt ließ Laeisz 14 Vier- und Fünfmastbarken bauen (letztere erwiesen sich als wirtschaftlich unrentabel). Neben „Peking", „Passat" und „Kruzenshtern" existiert heute nur noch die „Pommern", die ebenfalls als Museumsschiff vor Anker liegt: im finnischen Mariehamn.

Der kopflose Pirat

Da stand er nun, in Ketten, aber dem Tode trotzig ins Auge blickend. Ungefähr dort, wo heute die Elbphilharmonie ist, bot der Pirat Klaus Störtebeker dem Henker einen Handel an: Jeder seiner Kameraden, an dem er auch ohne Kopf noch vorbeilaufen könne, solle begnadigt werden.

Der Henker schlug erst ein und dann zu; Störtebeker aber stand kopflos auf und taumelte an elf Verurteilten vorbei, bis der Scharfrichter ihm ein Bein stellte – und alle Freibeuter hinrichtete. Ihre Köpfe waren noch jahrelang aufgespießt zu sehen – als Mahnung an alle, wohin Piraterie führe.

All das spielte sich am 20. Oktober 1401 ab. Kurz zuvor war die Flotte der Freibeuter vor Helgoland von hansischen Schiffen besiegt worden – es war das Ende der „Likedeeler", der Gleichteiler. Dieser verschworenen Gemeinschaft, die den reichen „Pfeffersäcken" Geld und Gut abnahmen, um die Armen zu unterstützen und den Rest gerecht unter sich zu teilen.

Ach ja, diese Geschichte ist einfach schön. Und sie gehört zum festen Bestandteil des Hamburger Legendenschatzes. Romantiker sollten jetzt aufhören zu lesen. Denn die Wahrheit kann vom Unterhaltungswert her natürlich nicht mithalten.

Wahr ist, dass 1401 tatsächlich Piraten auf dem Grasbrook hingerichtet wurden. Unter ihnen war auch Godeke Michels, einer ihrer Anführer. Das weiß man, weil die Rechnung des Henkers erhalten ist und sein Name erwähnt wird. Klaus Störtebeker taucht dort nicht auf. Neueste Forschungen ergaben, dass er nicht einmal Pirat war, sondern ein Kaufmann aus Danzig. Und auch nicht Klaus hieß, sondern Johann.

Wie ist es dann aber zur Mythenbildung gekommen? Vermutlich, weil Störtebeker auch ein Schuldeneintreiber war. Dazu muss man wissen, dass die Hansestädte damals kollektiv hafteten. Wenn ein Wismarer Händler einem aus Danzig Geld schuldete, durfte jedes andere Wismarer Schiff aufgebracht werden. Dann wurden Geld oder Waren konfisziert (meist ordentlich quittiert), anschließend durfte das Schiff weiterfahren. Meist lief so etwas unblutig ab – warum auch das Leben riskieren? Der betroffene Kaufmann konnte zu Hause ja das Geld vom eigentlichen Schuldner zurückfordern.

Störtebeker war in diesem Geschäft sehr erfolgreich (er bekam natürlich Provision) und war wohl auch besonders rücksichtslos. Deshalb fand er in Lübecker Akten entsprechende Erwähnung. Und das ist wohl der Kern der Legende, die sich in den Jahrhunderten verselbstständigte, bis im 18./19. Jahrhundert auch noch ein Robin Hood aus ihm gemacht wurde.

Deshalb gibt es heute Störtebeker-Festspiele, Störtebeker-Bier, Störtebeker-Denkmäler und auch den „Original-Störtebeker-Schädel“ – er ist im Museum für Hamburgische Geschichte ausgestellt, mit einem riesigen Nagel, der durch den Schädel getrieben wurde. Gefunden hat man ihn 1878 bei Bauarbeiten auf dem Grasbrook. Es ist der Schädel eines Hingerichteten, aber eben nicht Störtebekers. Der starb 1413 – sein Kopf lag dabei nicht auf einem Richtblock, sondern einem Kissen.

Land". Im 15. Jahrhundert gab es dann nur noch „Altes Land". Womit wir die Namenssache schon mal geklärt hätten.

Bis heute gibt es wegen der Besiedlungsgeschichte drei „Meilen" im Alten Land: Die erste liegt im Westen zwischen den Flüssen Schwinge und Lühe, sie wurde als erstes bebaut. Die zweite – zwischen Lühe und Este – folgte auch schon Ende des 12. Jahrhunderts. Die dritte im Osten schließlich, zwischen Este und Süderelbe, ist besonders sturmflutgefährdet. Die Eindeichung wurde erst im 15. Jahrhundert abgeschlossen. Diese dritte Meile ist auch der Hamburger Teil des Alten Landes mit den Orten Neuenfelde, Cranz und Francop (die auch erst im Zuge des Groß-Hamburg-Gesetzes 1937 eingemeindet wurden).

Jahrhundertelang waren die allermeisten Menschen im Alten Land Bauern, Fischer und Handwerker – Obst spielte beim Anbau zunächst keine große Rolle. Im Spätmittelalter begannen einige Bauern, in ihren Gärten vermehrt Obstbäume zu pflanzen, um sich so einen kleinen Nebenverdienst zu sichern. Und schnell merkten sie, dass Boden und Klima besonders günstig für diese Früchte sind. So langsam entwickelte sich die Sache für viele vom Neben- zum Hauptverdienst. Nach vielen Krisen wurde das

Ganze im 20. Jahrhundert professionalisiert. Die Bauern gründeten 1929 den „Obstbauversuchsring“ und dann die „Obstbauversuchsanstalt“, um wissenschaftlich fundiert Erträge zu steigern, Schädlinge zu bekämpfen und neue Sorten zu entwickeln. Das klappte so gut, dass schließlich fast das gesamte Alte Land nur noch aus Obstbäumen bestand.

Der Fortschritt führte auch dazu, dass die Zeiten ruhiger wurden. Im wörtlichen Sinne. Denn noch vor ein paar Jahrzehnten hörte es sich sommers im so schönen Alten Land manchmal eher an wie auf einem Truppenübungsplatz: Mit verschiedenen Konstruktionen ließen es die Bauern sehr laut knallen, um die Vögel zu vertreiben. Heute löst man das deutlich leiser mit Netzen, die rechtzeitig vor der Ernte über die Bäume gespannt werden.

Womit wir endlich im Jetzt angekommen wären. Und in einer Gegend, in der das Versprechen von blühenden Landschaften garantiert nicht gebrochen wird. Das Alte Land ist in allen Jahreszeiten einen Besuch wert, aber im Frühling ist es nun einmal ein Erlebnis der ganz besonderen Art. Wie oben erwähnt: zehn Millionen Obstbäume! Etwa neun Millionen davon sind Apfelbäume, dann gibt es etwa 600.000 Kirschbäume, die restlichen sind Birnen- und Pflaumenbäume. Und zusammen ergibt es das größte zusammenhängende Obstanbaugebiet Europas. Und wenn die alle an einem sonnigen Tag in voller Blüte stehen ... da muss man schon ein Ignorant der ganz harten Sorte sein, um nicht beeindruckt zu schwelgen.

Einen ganz besonderen Reiz hat auch die Lage an der Elbe. Auf den Deichen lässt sich fantastisch spazieren gehen oder radeln. Beim Blick auf die Schiffe kann man gedanklich in die Ferne schweifen, um sich dann beim Blick auf das Alte Land zu vergewissern, wie nahe doch das Gute liegt. Zum Beispiel eines der vielen Bauerncafés, in denen es, wenig überraschend, natürlich fantastischen Obstkuchen gibt.

Ein zweiter und dritter Blick sollte auch auf eines der vielen alten Fachwerk-Bauernhäuser geworfen werden, deren Bauweise auch holländischen Ursprungs ist. Typisch daran sind die gleichmäßigen Vierecke in den Mauern, die meist individuell gestaltet sind. Wahrscheinlich ist das als Schmuck gedacht, um das Haus zu verschönern, auch wenn manche meinen, es sei ein abergläubischer Abwehrzauber. Die hölzernen Giebel sind oft kunstvoll verziert, häufig mit Schwänen. Auch das wohl ein holländisches Mitbringsel, was aber sehr gut zu Hamburg passt (siehe Alsterschwäne). Ganz besonders sind auch die „Prunkpforten", die vor manchen Bauernhäusern noch stehen: Ebenso schön verziert sind sie auch ein deutliches Zeichen des Wohlstands und waren früher sicherlich ein Statussymbol.

Wer noch ein bisschen tiefer in die Geschichte dieses Landstrichs eintauchen will, der sollte nach Jork fahren, so etwas wie die heimliche Hauptstadt. Dort gibt es nicht nur einen Obst-Lehrpfad, sondern auch das Museum Altes Land sowie nicht weit weg das Museum Estebrügge, in dem es vor allem um die Alltagskultur

geht. Auch die wunderschöne Borsteler Windmühle (die noch bis 1961 in Betrieb war und heute ein Restaurant beherbergt) und der kleine Museumshafen Borstel sind nicht weit. Dort liegt eine alte „Tjalk" mit dem schönen Namen Annemarie (Baujahr 1893). Tjalks sind ein (Sie werden es ahnen) holländischer Schiffstyp: ein einmastiger Küsten- und Wattenmeer-Segler.

Was gibt es sonst noch zu sagen zum Alten Land? Dass vermutlich große Veränderungen anstehen. Der Klimawandel, der ja vor Jahrtausenden diese Landschaft geschaffen hat, ist im 21. Jahrhundert wieder deutlich spürbar. Die Apfelblüte beginnt heute schon drei bis vier Wochen früher als noch vor 50 Jahren. Und manche halten es für durchaus wahrscheinlich, dass bald deutlich weniger Äpfel angebaut werden – und dafür Aprikosen und Pfirsiche. Aber die blühen ja auch sehr schön.

Die „Annemarie" im Museumshafen Borstel

Sehenswert und typisch im Alten Land: eine reich verzierte Tür eines historischen Fachwerkhauses

Sport mit Tradition

Der Alster Canoe Club ist es, der Segelverein Rhe auch. Genau wie der Hamburger Polo Club und der Hamburger und Germania Ruder Club. Sie alle sind die ältesten ihrer Art in Deutschland. Und dann gibt es da natürlich noch den HT 16 – den Hamburger Turnerbund von 1816. Er ist sogar der älteste Sportverein der Welt. Keine Frage: Hamburg ist eine Sportstadt mit großer Tradition.

Zumal auch viele Hockey- und Tennisclubs der Stadt zu den ältesten in Deutschland gehören. Mit Altona 93 und dem SC Victoria Hamburg kommen auch zwei (der 86) Gründungsmitglieder des Deutschen Fußball-Bunds aus der Stadt.

Dass all diese Sportarten ihren europäischen Ursprung in Großbritannien haben, ist kein Zufall. Hamburg hat seit vielen Jahrhunderten enge wirtschaftliche Verbindungen auf die Insel;

Der deutsche Polo-Meister 1929: der Hamburger Polo Club

die Hanse unterhielt dort den berühmten „Stalhof“ in London – fast eine eigene kleine Händlerstadt. So ist Hamburg eine sehr anglophile Metropole geworden: Ob Kleidungsstil, Möbel, Architektur – oder eben Sport – das britische Vorbild fand in Hamburg schnell viele Nachahmer. Selbstverständlich auch im Pferdesport; das Deutsche Galopp-Derby findet jeden Sommer in Hamburg-Horn statt und auch die Spring- und Dressurreiter haben mit dem Deutschen Derby in Klein Flottbek seit 1920 einen besonderen Wettkampf.

Von Polo mal abgesehen, spielen all die anderen Sportarten noch immer eine herausragende Rolle. Zweifellos am erfolgreichsten sind die Hockeyspieler. Die fünf Clubs Uhlenhorster HC, Großflottbeker THGC, Der Club an der Alster, Harvestehuder THC und Hamburger Polo Club stellen bei Frauen und Männern gleich neun Erstliga-Teams (von insgesamt nur 24).

Es gibt aber auch junge Sportarten, die in Hamburg sehr populär und erfolgreich sind, zum Beispiel Beachvolleyball. Im Stadtteil Dulsberg gibt es einen Olympia-Stützpunkt mit modernsten Trainingsanlagen, der schon mehrere Medaillengewinner hervorgebracht hat.

Bei den populärsten Mannschaftssportarten aber hapert es in den letzten Jahren ein wenig. Weder im Fußball noch im Handball oder Eishockey sind Hamburgs Proficlubs in der Gegenwart übermäßig erfolgreich.

Zum Abschluss des sportlichen Ausflugs sei noch ein Abstecher zum Schach gestattet (auch wenn viele das gar nicht für Sport halten). Nicht nur, weil auch hier Hamburg eine große Tradition hat – denn der Hamburger Schachklub von 1830 e. V. ist der zweitälteste in Deutschland. Sondern weil die Stadt einen Weltrekord hält, und zwar mit dem seit 1976 (bis zur Corona-Zwangspause) alljährlich ausgetragenen Schulschachturnier „Rechtes gegen linkes Alsterufer“, bei dem Kinder aus den entsprechend gelegenen Schulen gegeneinander antreten. Mit 4240 Spielern wurde 2017 ein Teilnehmer-Weltrekord aufgestellt.

Alter Schwede!

Der Hamburger an sich neigt ja nicht zum Prahlen, aber auf unseren ältesten Mitbürger mit Migrationshintergrund sind wir schon stolz. Schließlich ist er 1,8 Milliarden Jahre alt und kam vor 320.000 Jahren zu uns – nach einer gemächlichen Reise per Gletscher aus Südschweden. Er ist viereinhalb Meter groß, wiegt 217 Tonnen, besteht aus Granit und ist der älteste Großfindling Deutschlands. Dass er den Namen „Alter Schwede“ bekommen hat, scheint da angemessen.

Sehr lange hatte er sich gut versteckt – im Flussbett der Elbe. Doch 1999 stieß man auf ihn. Die Bergung war alles andere als leicht, zumal die Experten seine Größe falsch eingeschätzt hatten.

Der erste Bergungsversuch ging dann auch schief. So musste der gewaltige Schwimmkran „Taklift 4“ anrücken, um den Koloss an Land zu bringen. Und weil der Alte Schwede für jedes Museum zum statischen Albtraum werden würde, hat man ihn gleich an Ort und Stelle gelassen, so dass er zum Wahrzeichen am Elbstrand bei Övelgönne geworden ist. Am 6. Juni 2000 erhielt er seinen Namen und wurde „eingebürgert“.

Das geflügelte Wort vom Alten Schweden entstand übrigens kurz nach dem Dreißigjährigen Krieg in Preußen. Der „Große Kurfürst“ nahm einige schwedische Veteranen in seine neue Berufsarmee auf, wo sie meist als Feldwebel für den Drill zuständig waren. So wurden die Alten Schweden sprichwörtlich; im Laufe der Zeit hat sich die Bedeutung zum Ausdruck der Verwunderung und Anerkennung gewandelt. Und das passt dann ja auch gut zum steinernen Giganten, der sein Aussehen regelmäßig, wenn auch unfreiwillig, verändert. Eine Zeit lang wurde er von Unbekannten immer wieder golden angemalt, einmal zierten ihn de Vereinsfarben des FC St. Pauli. Doch derlei erledigt sich schnell wieder – denn er wurde so imprägniert, dass sich jede Farbe problemlos abwaschen lässt.

Hamburg. Eine Zeitreise

Ab 15.000 v. Chr. Altsteinzeitliche Rentierjäger durchqueren regelmäßig Hamburger Gebiet.

4. Jh. v. Chr. Erste feste Siedlungen.

1. Jd. n. Chr. Besiedlung durch Sachsen, unter anderem im heutigen Fuhlsbüttel und Farmsen/Berne.

8. Jh. Bau der ersten Hammaburg in der heutigen Altstadt.

831 Gründung des Erzbistums Hamburg/Bremen – Ansgar wird erster Bischof.

845 Dänische Wikinger überfallen und plündern die Hammaburg – Ansgar flieht und verlegt den Bischofssitz vorerst nach Bremen.

915/983 Überfälle slawischer Abodriten.

1021 Herzog Bernhard II. aus dem Haus der Billunger lässt die „Neue Burg“ errichten und erweitert so die Stadt.

1066/1072 Erneute slawische Überfälle, endgültige Verlegung des Bischofssitzes nach Bremen.

1189 Gründung der Neustadt, planmäßige Ansiedlung auswärtiger Kaufleute und Handwerker, Verleihung der Stadtrechte durch Kaiser Friedrich Barbarossa – die entsprechende Urkunde erwies sich im 20. Jahrhundert als Fälschung.

Dänische Besetzung. 1201

Erster Rathausbau. 1216

Norddeutsche Fürsten siegen gemeinsam mit Hamburg und Lübeck bei Bornhöved gegen die Dänen. Hamburg befreit sich bis Ende des Jahrhunderts von fürstlicher Herrschaft und regiert sich selbst mit einem Rat, dem vor allem Patrizier angehören. 1227

Starkes Wachstum, Bau von Mühlen, Hafenanlagen und Stadtbefestigung, Eindeichung von Elbinseln. 13. Jh.

Hamburg gibt sich mit dem „Ordelbook" ein eigenes Rechtsbuch. Enge Zusammenarbeit mit Lübeck, Anfänge der Hanse. 1270

Erwerb der Nordsee-Hallig Neuwerk und Bau eines Wehrturms, um die Schifffahrt zu sichern. 1299

Pestausbruch – etwa ein Drittel der rund 12.000 Einwohner stirbt. 1350

Starkes Wachstum, Blütezeit der Hanse, als dessen „Brauhaus" Hamburg gilt. Es gibt mehr als 500 Brauereien in der Stadt. bis 1400

Hinrichtungen von Piraten, unter anderem Godeke Michels, auf dem Kleinen Grasbrook. Klaus Störtebeker war entgegen der Legende nicht darunter – neue Forschungen bezweifeln, dass er überhaupt ein Pirat war. 1401

Erster „Rezess" – schriftliche Niederlegung der Bürgerrechte und -pflichten. 1410

1420 Gemeinsam mit Lübeck Eroberung Bergedorfs zur Sicherung der Handelswege.

1458/1483 Politische Unruhen – Handwerker und Höker fordern mehr Mitsprache und setzen sich teilweise durch. Seitdem regelmäßige Proteste, die zu einem Dutzend neuen „Rezessen“ führen.

1529 Hamburg wird lutherisch.

1558 Eröffnung der Börse.

bis 1625 Bau einer modernen Befestigungsanlage, die Hamburg im 30-jährigen Krieg vor der Eroberung und Plünderung bewahrt.

1647 Bau der ersten Michaelis-Kirche („Michel“).

1664 Der dänische König verleiht dem benachbarten Altona Stadtrechte. Damit sowie der Gründung von Glückstadt an der Niederelbe will er Hamburg, das er für sich beansprucht, Konkurrenz machen.

1686 Belagerung der Dänen.

1699 Neuerlicher Rezess verankert die Rechte der Bürgerschaft gegenüber dem Rat.

1737 Gründung der ersten deutschen Freimaurerloge.

1750 Der Michel brennt nieder.

1762 Einweihung des Neubaus.

1786 Hamburg hat 100.000 Einwohner.

Gründung der Armenanstalt. 1787

Hamburg lässt als Zeichen der Neutralität in den Napoleonischen Kriegen die Stadtbefestigung einreißen. 1804

Die Franzosen besetzen die Stadt und setzen die Kontinentalsperre – ein Handels-Boykott gegen England – durch. Hamburgs Wirtschaft leidet extrem. 1806

Als Hambourg wird die Stadt Teil des französischen Kaiserreichs. 1811

Die Franzosen plündern Hamburgs Banken, bauen die Stadt zur Festung aus, reißen Hunderte Häuser ein und vertreiben 30.000 Menschen, die nicht genug zu essen haben, im Winter aus der Stadt – Tausende sterben. Im Mai ziehen die Franzosen ab – die Stadt hat die Hälfte der Bevölkerung verloren und ist bankrott. 1814

Hamburg erholt sich relativ rasch, macht aber die Reformen der Franzosen (moderne Gesetze, Geschworenengerichte, Gleichstellung der Juden) wieder rückgängig. nach 1815

Die erste Bahnlinie wird eröffnet, sie führt nach Bergedorf. 1842

Der „Große Brand“ zerstört fast ein Drittel der Stadt, darunter auch das Rathaus und die Nikolaikirche, es gibt aber nur wenige Tote. Die Stadt wird nach modernen Grundsätzen wieder aufgebaut und erhält eine Kanalisation. 1842

1848 Die Revolution verläuft in Hamburg vergleichsweise ruhig, die Forderung nach Modernisierung der Verfassung wird aber immer lauter.

1860 Die neue Verfassung regelt, dass ein Teil der Bürgerschaft gewählt wird – aber nur von Männern, die ein gewisses Vermögen haben. Die Torsperre wird aufgehoben.

1867 Hamburg tritt dem Norddeutschen Bund bei und verliert Teile seiner Souveränität.

1871 Hamburg wird als Freie Reichsstadt Teil des Deutschen Reichs, tritt aber erst 1888 der Zollunion bei – gleichzeitig wird die Speicherstadt gebaut und der Freihafen eröffnet.

1890 Die im Zuge der Industrialisierung stark gewordenen Sozialdemokraten gewinnen alle Hamburger Reichstagsmandate. In der Bürgerschaft sitzt wegen des undemokratischen Wahlrechts mit Otto Stolten erst 1901 ein einziger Abgeordneter der SPD.

1892 In der Stadt bricht eine Cholera-Epidemie aus, die sich in den engen Gängevierteln mit seinen katastrophalen hygienischen Zuständen rasch ausbreitet, zumal in den Wasserleitungen ungefiltertes Elbwasser fließt. Die Behörden reagieren völlig unfähig, sorgen sich mehr um den Handel als um die Menschen und leugnen lange, dass es eine Epidemie gebe – als Folge sterben 8600 Menschen. Im eng benachbarten Altona gibt es kaum Tote – dort wird das Wasser gefiltert.

Nach elf Wochen endet der große Hafenarbeiterstreik 1897
mit 17.000 Beteiligten mit einem Sieg der Unternehmer. Aber Hamburg bleibt die Hochburg der SPD, der Gewerkschaften und der Genossenschaften.

Nach 44 Jahren Planung und elf Jahren 1897
Bauzeit wird das Rathaus eingeweiht.

Erschrocken über den Einzug von elf 1906
Sozialdemokraten in die 120-köpfige Bürgerschaft wird das Wahlrecht verschärft – das geht als Wahlrechtsklau in die Geschichte ein.

Der Hauptbahnhof wird eingeweiht. 1906

Der Elbtunnel wird fertiggestellt – er gilt als 1911
technisches Meisterwerk. In Fuhlsbüttel wird der Luftschiffhafen eröffnet – der Vorläufer des heutigen Flughafens.

Die U-Bahn nimmt ihren Betrieb auf. 1912

Der Passagierdampfer „Imperator“ läuft vom 1913
Stapel – es ist das größte Schiff der Welt.

Ausbruch des Weltkriegs, in dem 34.000 Hamburger 1914
Soldaten fallen. Ab 1916 gibt es Lebensmittelengpässe.

Im Winter kommt es zu Hungerunruhen 1916/17
und Plünderungen.

Im November greift die Revolution auf 1918
Hamburg über. Der Senat wird abgesetzt, ein Arbeiter- und Soldatenrat gegründet.

1919 Die gemäßigte SPD gewinnt bei den ersten demokratischen Wahlen die absolute Mehrheit; die neue Verfassung tritt in Kraft. Mit Rücksicht „auf die alten Eliten“ verzichtet die SPD auf den Posten des Ersten Bürgermeisters.

1919 Die Universität wird gegründet.

1919 Im Juni kommt es zu den „Sülzeunruhen“, weil ein Schlachter angeblich Hunde und Katzen verarbeitet hat. Die immer noch hungernde Bevölkerung probt den Aufstand, der mit Reichstruppen brutal niedergeschossen wird.

1920er-Jahre Zahlreiche Reformen werden umgesetzt: Volks- und Reformschulen, sozialer Wohnungsbau.

1929 Die Weltwirtschaftskrise trifft die Handelsstadt besonders stark.

1933 Die NSDAP übernimmt – für sie selbst überraschend – problemlos die Macht in der „Roten Festung“ Hamburg.

1937 Mit dem „Groß-Hamburg-Gesetz“ werden Harburg, Wandsbek und Altona eingemeindet.

1938 In der Pogromnacht wird auch die Große Synagoge am Bornplatz niedergebrannt.

1938 Das KZ Neuengamme wird gebaut – bis Kriegsende finden etwa 50.000 von insgesamt 100.000 Häftlingen den Tod.

1941 Beginn der zum Teil öffentlichen Juden-Deportationen.

Ende Juli, Anfang August fliegen britische und US-amerikanische Einheiten die bis dahin schwersten Bombenangriffe der Geschichte. Bei der „Operation Gomorrha" sterben mindestens 43.000 Menschen. Viele Stadtteile werden vollständig zerstört, manche wie Hammerbrook nie wieder aufgebaut. 1943

Am 2. Mai besetzen britische Truppen kampflos die Stadt. Die gern verbreitete Ansicht, dass Hamburg den Nazis vergleichsweise distanziert gegenüber gestanden habe, ist eine Lüge. 1945

Im Oktober wird die SPD bei den ersten Wahlen klar stärkste Kraft. Max Brauer wird Erster Bürgermeister, er war bis 1933 bereits in Altona Bürgermeister gewesen. 1946

Hamburg wird Bundesland der Bundesrepublik Deutschland. 1949

Kurt Sieveking (CDU) gewinnt mit einem „Bürgerblock" die Wahl und wird Bürgermeister, vier Jahre später verliert er das Amt wieder an Max Brauer. 1957

Bei der großen Sturmflut am 16./17. Februar brechen zahlreiche Deiche, vor allem Wilhelmsburg ist betroffen – 317 Menschen sterben. 1962

Der Fernsehturm wird fertiggestellt; typisch für die Zeit entstehen die City Nord, das Congress Centrum, der Neue Elbtunnel und die Köhlbrandbrücke – sowie viele Großsiedlungen mit Wohn-Hochhäusern. 1967

Die letzte Straßenbahnlinie wird eingestellt. 1978

1981 Zum Abriss vorgesehene Häuser an der Hafenstraße werden besetzt, es folgen jahrelange heftige Auseinandersetzungen, bis Bürgermeister Klaus von Dohnanyi 1987 einen Vertrag mit den Besetzern schließt – eine Genossenschaft wird gegründet.

1982 Die Grün-Alternative Liste (GAL) zieht in die Bürgerschaft ein.

1986 Mit 1,57 Millionen Einwohner erreicht die Bevölkerungszahl einen Tiefstand; seitdem steigt sie kontinuierlich an.

2001 Zahlreiche Attentäter des 11. September in New York und Washington hatten in Hamburg gelebt und hier die Anschläge geplant („Hamburger Zelle“).

2001 Ole von Beust (CDU) bildet eine Koalition mit FDP und Schill-Partei – die Rechtspolulisten waren sensationell mit 19,4 Prozent der Stimmen in die Bürgerschaft eingezogen. Zuvor hatte die SPD 44 Jahre lang regiert.

2002 Der Bau der HafenCity beginnt. Das 220 Hektar große Areal auf ehemaligem Freihafengelände ist das größte innerstädtische Stadtentwicklungsprojekt Europas.

2011 Olaf Scholz (SPD) gewinnt aus der Opposition heraus die absolute Mehrheit.

2017 Die Elbphilharmonie wird eröffnet – nach fast zehnjähriger Bauzeit und zahlreichen Skandalen. Die Kosten haben sich fast verzwölffacht: auf rund 900 Millionen Euro.

Der G20-Gipfel wird zum Desaster für Politik und Polizei, die gewaltsame Ausschreitungen, Plünderungen und das Anzünden Dutzender Autos nicht verhindern können. 2017

Bei den Wahlen der sieben Bezirksversammlungen werden die Grünen erstmals stärkste Kraft und liegen mit 31,3 Prozent klar vor der SPD (24,0 Prozent). 2019

Die Uni Hamburg wird zur „Exzellenz-Universität" in den Clustern Astrophysik, Nanowissenschaften, Klimaforschung und Manuskriptforschung. 2019

Die SPD geht trotz Verlusten als klar stärkste Kraft aus der Bürgerschaftswahl hervor und setzt die Koalition mit den Grünen fort. 2020

Die endgültige Genehmigung für Hamburgs ersten „Wolkenkratzer" liegt vor. Der „Elbtower" nahe den Elbbrücken soll 245 Meter hoch und 2026 fertiggestellt werden. 2023

AHA!

Ein Bergwerk in Hamburg

Kohle gemacht wurde und wird in Hamburg reichlich. Aber Kohle gefördert? Das ist jetzt echtes Insiderwissen – aber es wurde tatsächlich mal „schwarzes Gold" in Hamburg aus der Erde geholt. Das Bergwerk war zugegebenermaßen nicht sehr groß, und gefördert wurde auch nicht sehr lange, dafür hatte die Grube am Rande der Harburger Berge im Stadtteil Hausbruch den klingenden Namen „Robertshall".

Entdeckt wurden norddeutsche Braunkohlevorkommen schon Mitte des 19. Jahrhunderts. Ein Abbau wäre aber nicht wirtschaftlich gewesen, zumal es damals noch reichlich deutsche Steinkohle gab, die ergiebiger und billiger war. 1917 war der Flöz in Hamburg dann ein Zufallsfund. Die Eigentümerin des Grundstücks sicherte sich die Schürfrechte und verkaufte dann weiter an ein Dortmunder Unternehmen. 1919 war die wirtschaftliche Lage in Deutschland dramatisch. Und es herrschte Energieknappheit, auch weil sehr viel Ruhrkohle an die Siegermächte des Ersten Weltkriegs geliefert werden musste. Und weil es in der Nähe von „Robertshall" einen potenziellen Großabnehmer gab – die „Gummiwaren-Fabrik Harburg-Wien" – entschloss man sich zum Abbau. Bis zu 60 Bergleute arbeiteten nun in den Stollen, die immerhin etwa 17 Meter tief in die Erde getrieben wurden. Allzu hohe Qualität hatte die Braunkohle nicht. Und die Marktlage änderte sich bald wieder, so dass schon 1922 das Aus für Hamburgs erstes und einziges Bergwerk kam.

1945, am Ende des nächsten, noch furchtbareren Kriegs, wurde die Wiederaufnahme der Förderung erneut ernsthaft erwogen. Doch es kam nicht mehr dazu. Heute ist die Geschichte fast vergessen. Und auch vor Ort erinnern nur noch ein paar Mauerreste an diese Vergangenheit.

Fast Kolonie

Jedes Kind kennt die Chatham-Islands. Na gut, nicht jedes. Eigentlich kennt sie niemand. Was wohl daran liegt, dass sie nicht so ganz zentral gelegen sind: rund 650 Kilometer südöstlich von Neuseelands Nordinsel. Mit 920 Quadratkilometern sind sie auch nicht unbedingt riesig, und die Einwohnerzahl von rund 600 klingt auch nicht beeindruckend. Aber, man ahnt es, haben sie wohl irgendetwas mit Hamburg zu tun.

Um genau zu sein: Sie hätten beinahe sehr viel mit Hamburg zu tun gehabt. Denn sie wären beinahe ganz offiziell eine Hamburger Kolonie geworden. 1841 waren bereits alle Kaufverträge unterzeichnet.

Wie es dazu kam? Das hat viel mit dem damaligen Zeitgeist und mit Karl Sieveking zu tun. Die Sievekings sind eine alte und berühmte Hamburger Familie, die Kaufleute, Bürgermeister, wohltätige Mäzene und Diplomaten hervorgebracht hat. Karl Sieveking (1787–1847) war letzteres. Als „Senats-Syndicus" war er eine Art Hamburger Außenminister und bestens vernetzt in die europäischen Hauptstädte. Und so war es kein Zufall, dass ein Geschäftsführer der britischen „New Zealand Company" 1840 auf Sieveking zukam: Ob Hamburg nicht ein paar Südseeinseln kaufen wolle?

Die Südsee war damals noch viel exotischer und verheißungsvoller als heute noch. Es lockten seltene Handelswaren und große Geschäfte (an leicht bekleideten Südsee-Schönheiten waren hanseatische Kaufleute natürlich gänzlich uninteressiert ...). Und so fand Sieveking auch schnell Geldgeber für die 10.000 Pfund Kaufpreis.

Doch dann kam es anders. Weil die Geheimabsprachen öffentlich wurden, gab es in London einige Unruhe und viel Kritik. Schließlich sah sich Königin Victoria 1842 genötigt, die Chatham Islands zum Teil der Kolonie Neuseeland zu erklären. Der Deal war geplatzt. In Hamburg war man enttäuscht – doch schon bald dürfte sich angesichts der (Nicht)Entwicklung der Inseln Erleichterung eingestellt haben.

Vier Goldstücke fürs Vaterland

Den Text der deutschen Nationalhymne kennt wohl jeder. Auch dass der Autor Hoffmann von Fallersleben war und den Text auf Helgoland schrieb, ist allgemein bekannt. Dass die Hymne aber zum allerersten Mal in Hamburg öffentlich gesungen wurde, wissen nur die wenigsten.

Es war am Dienstag, 5. Oktober 1841, direkt auf dem Jungfernstieg vor Streit's Hotel, als die Kapelle der Hamburger Bürgerwacht aufmarschierte und die Chöre der Liedertafel und des Hamburger Turnerbunds die drei Strophen sangen. Da war der Text gerade einmal sechs Wochen alt.

Jungfernstieg um 1830

Von Fallersleben war bereits ein populärer Freiheitsdichter, der mit seinen „Unpolitischen Liedern“ (die natürlich sehr politisch waren) großen Erfolg hatte. Sein Verleger war der Hamburger Julius Campe – der Hoffmann und Campe Verlag gehört noch heute zu den wichtigsten in Deutschland.

Campe war im August auf die damals britische Insel Helgoland gereist, um von Fallersleben den druckfrischen zweiten Teil seiner „Unpolitischen Lieder“ zu überreichen. Der Dichter zeigte ihm dann sein „Lied der Deutschen“ und verlangte vier Goldmünzen als Honorar. Campe zahlte sofort, und nur eine Woche später war das kleine Werk schon gedruckt – versehen mit den Noten der alten Kaiserhymne von Josef Haydn.

Das Lied verbreitete sich schnell. Und als am 5. Oktober der populäre liberale Politiker Karl Theodor Welcker im Streit's Hotel abstieg, wurde ihm zu Ehren das Lied gesungen. Von Fallersleben war ebenso Augen- und Ohrenzeuge wie Campe, den man den „Odysseus des deutschen Buchhandels“ nannte, weil er einfallsreich immer wieder die Zensurbehörden überlistete.

Bis das neue Lied zur Nationalhymne wurde, dauerte es dann noch mehr als ein Dreivierteljahrhundert. Zwar war es weit verbreitet, extrem populär wurde es aber erst durch die Propaganda im Ersten Weltkrieg, als deutsche Soldaten es bei einem erfolgreichen Angriff an der Westfront gesungen haben sollen – und die Heeresleitung das über alle Zeitungen verbreiten ließ. 1922 erklärte es Reichspräsident Friedrich Ebert dann zur offiziellen Nationalhymne.

AHA!

Missingsch

Mit den Dialekten ist das ja so eine Sache in Deutschland. Sächsisch, Schwäbisch oder Hessisch findet der eine furchtbar, die andere lustig und wieder jemand anderes einfach nur schön. Nun kommen ja leider manche auf den abwegigen Gedanken, das Niederdeutsche („Plattdütsch") sei der Hamburger Dialekt. Es ist eine eigenständige Sprache!

Und die wiederum wird in vielen Dialekten in Norddeutschland gesprochen – die Mecklenburger schnacken anders als Hamburger, Dithmarscher oder Niedersachsen. Niederdeutsch wurde in früheren Jahrhunderten von allen Menschen gesprochen – und auch geschrieben. Es war die Sprache der Hanse und eine Art „lingua franca" des Ostseeraums. In der im 17. Jahrhundert

Hier wird „Missingsch" gesprochen: Szene aus einer Aufführung des Ohnsorg-Theaters, 1983

gegründeten Hamburger Oper zum Beispiel wurde ganz selbstverständlich auch plattdeutsch gesungen.

Der Wandel kam im 19. Jahrhundert. Mit dem aufkommenden Nationalismus und dem Streben nach der Deutschen Einheit wurde auch eine einheitliche Sprache gefordert – und da setzte sich das Hochdeutsche durch. Ob an Schulen oder Theatern, in der Verwaltung, Literatur und vor Gericht – überall wurde jetzt Hochdeutsch gesprochen und geschrieben. Und Niederdeutsch geriet in den Ruf, die Sprache der der „kleinen Leute" zu sein. Wer kein Hochdeutsch sprach, galt als ungebildet und provinziell.

Und damit sind wir beim „Missingsch" angelangt. So bezeichnet man eine Mischform aus Hoch- und Niederdeutsch. Und das, was rauskommt, wenn ein ausschließlich plattdeutsch Aufgewachsener versucht, Hochdeutsch zu reden. Das klingt dann manchmal sehr lustig und wurde auch oft belächelt. Die etwas Älteren kennen Missingsch übrigens aus dem Fernsehen: Denn wenn die ARD bundesweit Aufführungen aus dem Ohnsorg-Theater ausstrahlte (meistens mit Heidi Kabel), dann wurde auf der Bühne Missingsch gesprochen statt Plattdeutsch wie sonst. Sonst hätte der Rest der Republik kein Wort verstanden.

Lustig klingt das deswegen, weil hochdeutsche Worte mit niederdeutscher Grammatik verbunden wurden (die mit der englischen eng verwandt ist). So heißt der Satz „Die Blume ist für sie" niederdeutsch „De Blom is för ehr" – und auf Missingsch wird dann „Die Blume is für ihr" draus. Das hat auch Eingang in die Literatur gefunden. Das vielleicht berühmteste Beispiel ist „Schloss Gripsholm" – in Kurt Tucholskys Bestseller wird sehr oft Missingsch gesprochen. Heute ist es weitgehend ausgestorben, da wohl niemand mehr ausschließlich Niederdeutsch aufwächst. Man müsste Missingsch also lernen, und das wäre wohl ein Widerspruch in sich …

Quiddje bleibt man ewig

Dieser alte Begriff ist durchaus noch verbreitet, wenn auch nicht mehr in dem Maße früherer Jahre – gemeint ist einfach ein Zugezogener. Wobei das Wort nie beleidigend, eher leicht spöttelnd gemeint ist.

Der Wortursprung ist nicht wirklich belegt, eine Erklärung ist die Quittung, die Einreisende früher bekamen, nachdem sie am Stadttor eine Gebühr bezahlt hatten.

Ein Quiddje zu sein, war nie wirklich ein Problem – schließlich ist Hamburg immer eine Stadt gewesen, die von Zuwanderung aus dem In- und Ausland besonders profitierte.

Beim Begriff Quiddje ist man schnell bei den „gebürtigen" und „geborenen" Hamburgern – und den „Geborenen". Gebürtig, klar, ist jeder, der in Hamburg geboren wurde. Ein Geborener ist nur, wessen Familie seit mehreren Generationen in Hamburg lebt. Und dann gibt es da noch die geborenen Hamburger: Das sind Hamburger aus Überzeugung – selbst wenn sie aus Bremen kommen …

Was machen Sie am Sonnabendabend?

Ja, das lässt nach. Auch in Hamburg sagen die meisten längst „Samstag“ statt des traditionellen „Sonnabend“.

Während sich Samstag vom jüdischen Sabbat herleitet, wird mit Sonnabend der Vorabend des Sonntags betont. Ursprünglich in allen lutherisch geprägten Regionen verwendet, befindet sich das Wort flächendeckend auf dem Rückzug. Das „Hamburger Abendblatt“ aber hält die Tradition noch hoch – jedem Redakteur wird der Samstag als Fehler angestrichen. Weshalb es dort immer noch Sätze wie diesen zu lesen gibt: „Der Unfall ereignete sich am späten Sonnabendabend.“

Das muss dann mal wech

Wenn es ums Geschäft ging, waren die Hamburger Stadtherren noch nie zimperlich. Einzelschicksale spielten da keine Rolle – selbst wenn es viele tausend waren. Schon gar nicht, wenn es um den Hafen ging. Da sind dann schon mal ganze Stadtteile verschwunden, weil sie im Weg waren.

Die Speicherstadt zum Beispiel – heute Weltkulturerbe und Stolz der Hamburger – war bei ihrem Bau vielen verhasst. Denn bevor sie ab den 1880er-Jahren entstand, war dort ein Stadtteil für 20.000 Menschen, größtenteils von Arbeitern bewohnt. Die wurden nicht nur rücksichtslos aus ihren Häusern gejagt, es kümmerte sich auch niemand um Ersatzwohnraum – die Folge war eine bittere Wohnungsnot. Aber da es sich ja „nur" um Arbeiter handelte, war es dem Senat gleichgültig.

Solch rigoroses Vorgehen setzte sich auch in demokratischen Zeiten fort, wenn auch etwas weniger rabiat, weil es ja rechtsstaatlich sein musste. So existiert seit den frühen 1980er-Jahren der Stadtteil Neuhof mitten im Hafen nicht mehr. Dort hat-

Da war die Welt noch in Ordnung und Neuhof noch da: Postkarte von 1902 mit Grüßen aus „Neuhof an der Elbe"

Geblieben ist von Altenwerder nur die historische Kirche.

ten mehrere Tausend Arbeiter gelebt, die größtenteils auf Werften beschäftigt waren. Wegen des Baus der Köhlbrandbrücke und der Ansiedlung von Industriebetrieben verschwand der Stadtteil – heute gibt es nur noch die alte Schule, die seit Jahrzehnten vor sich hinrottet.

Verschwunden ist auch (weitgehend) Altenwerder. Das Dorf mit seinen knapp 3000 Einwohnern wurde in den 1950er-Jahren zum Hafenerweiterungsgebiet erklärt. Erst kaufte die Stadt Grundstücke auf, dann enteignete sie, um das Container-Terminal Altenwerder zu bauen – es war das erste, bei dem die Container computergesteuert und ohne Fahrer hin- und herbewegt wurden. Heute ergibt sich das skurrile Bild, dass die alte Kirche noch steht, mit schönem alten Baumbestand, gleich neben dem Terminal – nur Wohnhäuser gibt es nicht mehr. Den Stadtteil Altenwerder gibt es aber offiziell noch. Einwohnerstand laut Statistikamt Nord: 3.

In Wasserlage

Ja, die Speicherstadt liegt gleich neben der Elbphilharmonie. Und ja, das Miniatur Wunderland, die weltgrößte und mittlerweile weltberühmte Modelleisenbahn, ist mitten in der Speicherstadt. Doch über die gibt es so viel mehr zu erzählen, als die beiden größten Touristenattraktionen der Stadt es könnten.

Von Hälssen & Lyon zum Beispiel, einem nicht ganz so weltberühmten Teehandelsunternehmen – es ist gewissermaßen Mieter Nummer Eins und seit 1887 in der Speicherstadt ansässig, also schon ein Jahr vor der offiziellen Einweihung, zu der Kaiser Wilhelm II. angereist war, um mit einer Maurerkelle aus Silber etwas Mörtel auf den Schlussstein zu befördern.

Vielleicht sollten wir die Geschichte des Unesco-Welterbes (denn das ist die Speicherstadt zusammen mit dem Kontorhaus-

Schlusssteinlegung durch Kaiser Wilhelm II. an der Brooksbrücke, 29. Oktober 1888

viertel seit 2015) von Anfang an erzählen. Und schon sind wir mitten in der Geschichte der deutschen Reichsgründung.

Als es 1871 entstand, war es die Vereinigung von vier Königreichen, sechs Großherzogtümern, fünf Herzogtümern, sieben Fürstentümern und drei Freien und Hansestädten: Bremen, Lübeck und natürlich Hamburg. Aber Hamburg hatte ein Problem. Nicht mit dem Deutschen Reich als solchem, sondern mit seinem Hafen. Denn der neue Staat erhob natürlich Zölle und wollte das auch in Hamburg tun, Deutschlands größtem Hafen. Die Stadt aber sah die Geschäftsgrundlage des Hafens gefährdet. Denn viele Waren, die in Hamburg anlandeten, wurden gleich weiterverschifft – durch Zölle wären sie verteuert worden. Hamburg wäre als Handelsdrehscheibe nicht mehr konkurrenzfähig gewesen. Und so trat Hamburg zwar dem Deutschen Reich bei, nicht aber der Zollunion.

Das war auf Dauer aber ein unhaltbarer Zustand, denn Hamburg war für den Rest des Reichs nun „Zollausland" – ein riesen Problem zum Beispiel für die Hamburger Industrie. Denn wenn sie Waren etwa nach Berlin oder Kiel liefern wollte, wurden Einfuhrzölle fällig. Die Folge: Diese Betriebe zogen vor die Tore der Stadt: nach Altona, Wandsbek oder Harburg, die damals noch nicht zu Hamburg gehörten und daher „Zollinland" waren. Lange verhandelte der Senat mit der Reichsregierung, bis man sich schließlich einigte: Ein Freihafen musste geschaffen werden. Innerhalb dieses Gebietes konnte zollfrei gehandelt werden, und erst, wenn Waren über die Freihafengrenze nach „Deutschland" kamen, wurden Zölle fällig.

Der neue Freihafen brauchte nun große Lagerhäuser – doch wo sollten sie gebaut werden? Weil Platz knapp war, entschied man sich für das Gebiet zwischen Kehrwieder und Wandrahm, wie die Straßen heute noch heißen. Das Problem: Dort lebten knapp 20.000 Menschen – im Westteil die Armen, meist Hafenarbeiter, im Osten die Reichen. Dort standen barocke Kontorhäuser, die in alter Tradition als Lager, Büro und Wohnhaus zugleich dienten. Manche wurden kaum noch genutzt, da einige Kaufleute begonnen hatten, sich repräsentative Villen an der Alster oder den Elbhängen flussabwärts zu bauen. In der Stadt entstanden moderne Kontorhäuser als Firmensitze. Und die Arbeiter? Die mussten sehen, wo sie bleiben. Viele mussten in weit entfernte Stadtteile ziehen, obwohl ihre Arbeit im Hafen war und es kaum öffentliche Verkehrsmittel gab. Doch sie hatten keine Lobby und die allermeisten von ihnen auch kein Stimmrecht für die Bürgerschaft, das an das Einkommen gekoppelt war. Am Anfang der Speicherstadt stand also Verdrängung in ganz großem Stil.

Nun macht sich Franz Andreas Meyer ans Werk. Er war Oberingenieur und Anhänger der „Hannoverschen Schule" – eine Architekturrichtung der Neogotik. Was man heute problemlos auch ohne kunsthistorische Kenntnisse erkennen kann. Unter seiner Leitung wurden die Blöcke geplant, von denen 24 schließlich gebaut wurden, was insgesamt 44 Jahre dauern sollte. Knapp zwei Drittel waren aber schon 1889 fertig, nummeriert von A bis O. Bis 1897 folgen drei weitere, dann lässt das Tempo nach, auch wegen des Ersten Weltkriegs und der folgenden Krisen, bis 1927 der Block X fertig ist. Auf die letzten beiden verzichtet man. Gegründet sind die Speicher auf Nadelholzpfählen (nicht Eiche, wie oft zu lesen ist). Zunächst setzte man bei den Trägern auf Stahlbauweise, dann auf Holz und schließlich auf Gusseisen, das mit Kork, Zement und Stahlblech ummantelt ist – der beste Feuerschutz dieser Varianten.

Im Zweiten Weltkrieg wird gut die Hälfte der Speicher zerstört, aber bis auf vier baut man alle wieder auf. Auch die Neubauten im Westteil passen sich optisch der Architektur an. Heute sind es rund 300.000 Quadratmeter Nutzfläche in der Speicherstadt. Viele Büros gibt es dort, Gastronomie, Attraktionen wie das Fleetschlösschen, das „Speicherstadt-Rathaus" (der alte im Renaissancestil gebaute Sitz der Lagerhausgesellschaf) und gleich vier Museen (Kaffee-, Tee-, Zoll- und das Speicherstadtmuseum, in dem auch die silberne Maurerkelle von Kaiser Wilhelm II. ausgestellt ist). Aber knapp ein Drittel ist immer noch Lagerfläche. Allein 30 Händler von Orientteppichen gibt es noch,

Beliebtes Fotomotiv in der Speicherstadt: das Fleetschlösschen

und auch wenn es mal 200 waren, ist Hamburg immer noch der weltweit größte Handelsplatz für diese Teppiche. Nur die Erdgeschosse sind tabu – wegen der Überflutungsgefahr.

Die Lagerhaltung ist aber weiter rückläufig, auch weil es seit 2013 keinen Freihafen mehr gibt. Oder besser gesagt: nur noch einen virtuellen. Wegen der Digitalisierung braucht man keinen umzäunten Raum mehr. Viele Firmen sind auch näher an die modernen Terminals gezogen. Ein Auslaufmodell ist die alte Speicherstadt aber nicht. Die HHLA als Eigentümerin (Hamburger Hafen und Logistik AG, sie war als Hamburger Freihafen-Lagerhaus-Gesellschaft beim Bau der Speicherstadt gegründet worden) will die alten Firmen keineswegs verdrängen. Zumal die Überlegungen, in der Speicherstadt Wohnungen zu realisieren,

aufgegeben wurden – wegen der Wasserlage könnte die Feuerwehr im Brandfall nicht rechtzeitig vor Ort sein, es gäbe auch nicht genug Rettungswege.

So wird die Speicherstadt ein mehr und mehr, aber eben nicht ausschließlich touristisch genutzter Ort. Und Hälssen & Lyon ist das beste Beispiel dafür. Die weltweit aktive Firma hat wesentlich dazu beigetragen, dass in Hamburg mehr als 50 Prozent des europäischen Teehandel-Volumens umgeschlagen wird: gut 200.000 Tonnen jährlich. In dem Speicher mit der schönen Adresse Pickhuben 9 wird zwar kein Tee mehr gelagert, aber der Firmensitz ist und bleibt dort. Und wer auf der Suche nach dem sprichwörtlich hanseatischen Kaufmannsgeist ist, der ist dort genau richtig.

Verpönte Orden

„Über Dir kein Herr, unter Dir kein Knecht!" So lautete das alte, immer wieder gern zitierte Motto der Hanseaten. Wobei man den ersten Teil deutlich ernster genommen hat als den zweiten. Aus dieser Haltung entwickelte sich jedenfalls das hanseatische Ordensverbot.

Denn ein Orden – meist ja verliehen von Fürsten – würde den Träger über die anderen erheben.

Diese uralte Regel hat sich bis heute erhalten, auch wenn es längst kein formelles Verbot mehr gibt. Verpönt ist es dennoch. Viele prominente Hamburger lehnten deshalb auch die Annahme des Bundesverdienstkreuzes ab, unter ihnen Heidi Kabel, Helmut Schmidt, Jan Philipp Reemtsma und Siegfried Lenz. Noch konsequenter als Hamburg ist in diesem Punkt aber die Hansestadt Bremen – als einziges Bundesland lehnte es auch die Einführung des Bundesverdienstkreuzes im Bundesrat ab.

Helmut Schmidt machte einmal allerdings eine Ausnahme und nahm einen Orden an – den „wider den tierischen Ernst" vom Aachener Karnevalsverein. Hat man ihm in Hamburg nicht allzu übel genommen.

Hat jemand Schönere?

Natürlich sind auch in Hamburg viele Straßen nach Blumen, Dichtern, Musikern und Politikern benannt. Dennoch darf behauptet werden, dass viele Straßennamen wirklich etwas Besonderes sind – und absolut einzigartig.

Zur Erklärung fängt man am besten bei der ABC-Straße an, ja, die gibt es wirklich, in der Neustadt. Im 17. Jahrhundert hatten die Bewohner begonnen, Schilder mit Buchstaben an ihren Häusern anzubringen, damit man sie besser finden konnte. Deshalb wurde die dafür bekannte Straße 1788 – als die Straßennamen offiziell eingeführt wurden – ABC-Straße genannt.

Anstoß für die Einführung waren zunehmende soziale Probleme in der wachsenden Stadt. 1788 wurde die „Allgemeine Armenanstalt“ gegründet – um Kranken zu helfen und Gesunde zur Arbeit anzuhalten. Um einen Überblick über das Ausmaß zu erhalten, wurde die Stadt in 60 Armenpflegequartiere aufgeteilt. Und an den Straßen brachte man Schilder mit den Namen an. Meist waren das die, die sich im Volksmund längst etabliert hatten. So war die Steinstraße eben die, welche als erste im 13. Jahrhundert gepflastert worden war. Und die Reichenstraße war eben das Gegenteil eines sozialen Brennpunkts.

Jedenfalls wurden auch die skurrilen Namen amtlich, zum Beispiel das Schulterblatt. Dort gab es eine Gaststätte mit diesem Namen, dessen Wirt ein riesiges Wal-Schulterblatt an der Fassade angebracht hatte. Auch die Rutschbahn geht auf einen Wirt zurück, der für die Kinder seiner Gäste eine eingerichtet hatte.

„Zum letzten Heller" hieß ebenfalls eine Kneipe – und die Straße bis heute. Vom Hühnerposten (heute nahe dem Hauptbahnhof) erzählt man sich, dass die Stadtwächter den früher abgelegenen Ort so nannten.

Über Hamburg hinaus bekannt sind natürlich der Jungfernstieg und die Reeperbahn. Letztere wurde früher von den „Reepschlägern" genutzt, um Seile und Taue herzustellen. Der Jungfernstieg hieß eigentlich Reesendamm – der entstand um 1190 beim Aufstauen der Alster, damit eine Mühle betrieben werden konnte. Und der Müller hieß Reese. Jahrhunderte später wurde der Damm planiert und ausgebaut – er diente als Flaniermeile, auf der die Familien beim Sonntagsspaziergang gern ihre Töchter im heiratsfähigen Alter präsentierten.

Auf alte Berufe gehen dagegen die Knochenhauertwiete (Schlachter), Große Bleichen (Tuchfärber) und Caffamacherreihe zurück. Caffa, nicht Caffee – es handelt sich um einen samtähnlichen Stoff, den aus Holland eingewanderte Spezialisten hier herstellten.

In Harburg befindet sich die „Goldene Wiege", die auch dort allerdings nie hergestellt wurde. Die einen sagen, dass hier einmal ein Versteck von Räubern ausgehoben wurde – und Teil der Beute soll eine goldene Wiege gewesen sein. Andere sprechen von einem Edelmann, der seine nichtadlige Geliebte schwanger sitzen-, aber immerhin die Wiege zurückließ.

Zum Schluss sei noch eine besonders schöne Straße erwähnt: die Palmaille zwischen St. Pauli und Altona. 1638 ließ Graf Otto V. von Schauenburg dort die lindengesäumte Straße anlegen – als Spielfläche. In Frankreich hatte er „Paille-Maille" kennengelernt, bei dem mit einem Holzschläger Kugeln zwischen kleine Tore befördert werden müssen. In England wurde das Spiel als Pall Mall und vor allem Crocket bekannt. In Altona allerdings nutzte die schöne Straße kaum einer für das Spiel; die schöne Allee gibt es aber dennoch bis heute.

Hamburger Dom

Wer schon mal auf dem Hamburger Dom war, weiß natürlich, dass es sich hierbei nicht um eine Kirche handelt: In Norddeutschland heißt es traditionell Rummel, im Süden ist es die Kirmes – und Jahrmarkt kann man überall sagen. In Hamburg aber hat der Spaß, der dreimal jährlich auf dem Heiligengeistfeld auf St. Pauli stattfindet, einen ganz speziellen Namen: Dom. Warum das bitte?

Die Erklärung reicht bis weit ins Mittelalter hinein. Damals waren Jahrmärkte für das Wirtschaftsleben extrem wichtig, denn es kamen Händler aus Nah und Fern, um zu kaufen und zu verkaufen. Es waren auch Festtage, weil in diesen Tagen so viel los war wie sonst nie in der Stadt. Und das lockte auch schon immer Schauspieler, Gaukler, Musiker und anderes „fahrendes Volk" an, das mit Vergnügungen (oder Wundermitteln) aller Art ein paar Münzen verdiente.

Damals hatte Hamburg natürlich einen Dom, der per Definition ja eine Bischofskirche ist – auch wenn der Bischof meist in Bremen residierte. Wenn nun das Wetter schlecht war, bekamen die kleinen Händler und Spielleute Asyl in der Kirche, um dort ihre Geschäfte zu machen. Als 1337 der Bischof das Treiben in dem Gotteshaus verbot, gab es fast einen Volksaufstand. Er gab schnell klein bei, gestattete die Nutzung des Doms aber „nur bei Schietwetter".

1804 hatte der Spaß im Dom dann doch sein Ende – denn der Bau wurde abgerissen. Die (auch noch katholische) Kirche hatte keine Gemeinde und störte nur. Niemand weinte dem Bau eine Träne nach. Die Schausteller bekamen andere Plätze zugewiesen, 1893 dann endgültig das Heiligengeistfeld. Der Name des Vergnügens hatte sich da längst verselbstständigt. Und deswegen gehen die Hamburger heute noch „auf den Dom".

AHA!

Ausland mitten im Hafen

Das Areal ist 28.540 Quadratmeter groß und befindet sich auf dem Kleinen Grasbrook, also mitten im Hamburger Hafen – und dennoch auf tschechischem Staatsgebiet. Und das ist seit fast 100 Jahren so.

Denn die knapp drei Hektar (der Moldau- und der Saalehafen) sind Gegenstand eines weitgehend unbekannten Paragrafen des Versailler Friedensvertrags von 1919. Als Teil der Wiedergutmachung nach dem Ersten Weltkrieg musste Deutschland diesen Teil des Hafens an die damals neu gegründete Tschechoslowakei abtreten. Weil beide Seiten noch ziemlich lange über Details stritten, wurde der Vertrag dann 1928 abgeschlossen: auf 100 Jahre.

Dieser kleine Passus des in Deutschland damals allgemein so verhassten Friedensabkommens erwies sich allerdings als durchaus vorteilhaft: für Hamburg und für die Tschechen. Denn über Elbe und Moldau entwickelte sich ein sehr reger Handelsverkehr Richtung Prag, der auch Arbeitsplätze in der Hansestadt schuf.

Das blieb auch nach dem Zweiten Weltkrieg so. Erst nach 1989 ging es bergab – die staatliche tschechische Binnenreederei wurde privatisiert und musste bald Insolvenz anmelden. Die meisten Waren gingen nun per Lkw oder Bahn gen Tschechien, das Gelände lag brach. Das soll sich ändern, denn Hamburg plant ein großes Wohngebiet auf dem Areal. Und die Tschechen bekommen etwas weiter ein Ersatzgrundstück im Hafen – mit dem sie den Handel wiederbeleben wollen.

War so, ist so, bleibt so

Das Gesetz ist zwar ungeschrieben, aber noch niemand hat es gewagt, es zu brechen. Und so würde ein Zeitreisender aus dem 17. oder 19. Jahrhundert, der sich heute ans Ostufer der Außenalster oder ans Südufer der Elbe stellt und auf die Innenstadt schaut, sie sofort wiedererkennen.

Zwar hat sich baulich so ziemlich alles verändert, aber die Skyline Hamburgs ist fast unverändert: Es sind die Türme der fünf Hauptkirchen (und seit 1897 der des Rathauses), die das Stadtbild immer noch prägen.

Die älteste ist St. Petri in der Altstadt, es folgten St. Nikolai in der Neustadt, St. Jacobi im Osten, St. Katharinen im Süden in Elbnähe und die heute berühmteste, St. Michaelis (Michel), kurz vor St. Pauli. Die Hauptkirche St. Nikolai steht heute im Stadtteil Eppendorf, in der Neustadt fungiert die im Krieg zerstörte Kirche als Mahnmal. Nur der imposante Turm ist noch intakt – mit 147,3 Meter Höhe war er bei seiner Fertigstellung 1874 das höchste Gebäude der Welt. Wenn auch nur für drei Jahre.

Hamburg 1682. Große Kirchtürme von links nach rechts: St. Michaelis, St. Nikolai, St. Katharinen, St. Petri, Alter Mariendom, St. Jacobi. Gemälde von Peter Schenk dem Älteren.

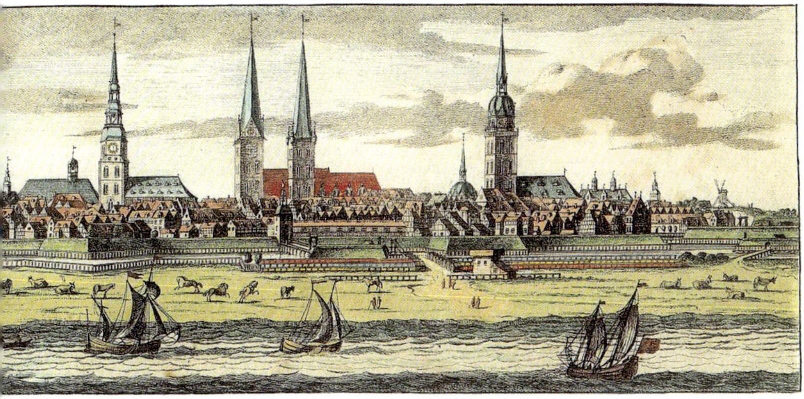

Bürgerstolz

Planung und Bau haben ein halbes Jahrhundert gedauert; es gab Dutzende Entwürfe von entsprechend vielen Architekten und schier endlosen Streit, bis sich die Stadtherren endlich entschieden, einem Architekten-Konsortium um den berühmten Baumeister Martin Haller das Vertrauen zu schenken. Nein, der Bau des Rathauses war keine leichte Geburt.

Und das Ergebnis? „Stein gewordener Bürgerstolz", „protzig", „wunderschön", „überladen" – ist eben Geschmackssache. Das mit dem Bürgerstolz stimmt allerdings definitiv: Der ganze Bau und vor allem die Fassade stecken voller entsprechender Symbolik und kleiner Nadelstiche gegen den Adel, der im alten Hamburg per se ein Feindbild war.

Das beginnt mit dem Kaiser. 1897 wurde auf dem Rathausmarkt (man hielt es wohl für unumgänglich) eine große Reiterstatue Wilhelms I. aufgestellt, die sich heute am Rande des Parks „Planten un Blomen" befindet. Dabei blickte der Kaiser auf das Rathaus – er musste also aufschauen auf das bürgerliche Gebäude. Ganz anders im damals preußischen Altona. Dort ist bis heute Wilhelm hoch zu Ross mit dem Rücken zum Rathaus – die Besucher müssen also zu ihm aufschauen.

Kaiser gibt es durchaus reichlich am Rathaus. Die ganze Fassade entlang sind die Figuren von 20 Kaisern des ersten Deutschen Reichs angebracht: vom ersten, Karl dem Großen, bis zum letzten, Franz II., der den Titel 1806 niederlegte. Aber über ihnen stehen die „bürgerlichen Tugenden": Weisheit, Eintracht, Tapferkeit und Frömmigkeit. Und weit über ihnen thronen 28 Figuren, die bürgerliche Berufe darstellen: vom Fischer und Kaufmann bis zum Zimmermann und Makler.

Der berühmte Satz „Ein Hamburger kniet vor niemanden, auch nicht vor der Kirche" wurde und wird ernst genommen. So gab es einen Skandal, als die riesigen Ölgemälde fertig wurden, die der

Maler Hugo Vogel für den Großen Festsaal erstellt hatte. Eines zeigt die (fiktive) Szene, wie Kaiser Karl der Große und Bischof Ansgar nach Hamburg kamen – und einer der Einwohner kniete vor dem Bischof. Vogel wurde gezwungen, den Knieenden wegzuretuschieren.

Welche Bedeutung diese Traditionen haben, wird auch heute noch bei jedem offiziellen Besuch deutlich. Ganz gleich, ob Konsul, Minister, König oder Staatspräsident – der Bürgermeister erwartet die Gäste stets auf dem oberen Absatz der Treppe, die zum Senatsflügel des Rathauses führt. Jeder muss zu ihm hinauf, ohne dass er entgegenkommt. Der Ursprung liegt im Mittelalter. Man wollte unbedingt vermeiden, dass der Bürgermeister einem zu Pferde kommenden Gast die Steigbügel halten muss, was traditionell als Unterordnung galt. Es gab in all den Jahrhunderten nur eine einzige kleine Ausnahme: Als 1965 Queen Elizabeth II. Hamburg besuchte, kam ihr Bürgermeister Paul Nevermann ein paar Stufen entgegen. Diese höfliche Geste habe der Dame gegolten, nicht der Königin, versicherte er später.

Der Bau enthält auch Hinweise auf zwei große Katastrophen der Stadtgeschichte. An der Fassade ist ein riesiger Phönix zu sehen – Symbol dafür, dass Hamburg wie der Sagenvogel aus der Asche wieder emporstieg. 1842 war beim „Großen Brand“ ein Drittel der Stadt durch das Feuer zerstört worden, auch das alte Rathaus. Es gibt auch einen Phönix-Saal.

Und im Innenhof befindet sich der Hygieia-Brunnen, benannt nach der griechischen Göttin der Gesundheit. 1892 hatte eine Cholera-Epidemie 8600 Todesopfer in Hamburg gefordert – vor allem deswegen, weil es die Stadtväter versäumt hatten, für gutes Trinkwasser zu sorgen und die Epidemie so lange leugneten, bis es zu spät war. Der Brunnen ist also auch Ausdruck schlechten Gewissens.

Detailaufnahme der Fassade mit Stadtwappen, den figürlich dargestellten „bürgerlichen Tugenden “ und der lateinischen Inschrift „Die Freiheit, die errungen die Alten, möge die Nachwelt würdig erhalten“

Queen Elizabeth II. und Hamburgs Erster Bürgermeister Paul Nevermann in einer Limousine vor dem Rathaus am 28.5.1965

Brauhaus der Hanse

Elf Brauereien gibt es noch in Hamburg. Oder besser gesagt: Es sind immerhin wieder elf, denn die meisten sind in der jüngeren Vergangenheit gegründet worden.

Wirklich groß ist nur die Holsten-Brauerei, die auch Astra herstellt – aber längst zum dänischen Carlsberg-Konzern gehört. Dabei war Hamburg mal der – mit Abstand – wichtigste Bier-Standort in ganz Deutschland. Im 14./15. Jahrhundert gab es mehr als 500 Brauereien in der Stadt. Die meisten brauten für den Export, das Hamburger Bier hatte einen hervorragenden Ruf und wurde nach ganz Europa geliefert. „Brauhaus der Hanse“ nannte man Hamburg damals.

Das brachte nicht nur viel Geld in die Stadt, sondern sorgte auch für die vielleicht beliebtesten Arbeitsplätze überhaupt. Denn die Stadt beschäftigte hauptamtliche Biertester. Diese mussten die Qualität jedes Fasses prüfen, bevor sie es für die Ausfuhr freigaben; der Ruf des Hamburger Bieres durfte auf keinen Fall durch minderwertiges Gesöff leiden. Das mussten die Hamburger selber trinken …

Da wir schon einmal beim Bier sind. Die immer noch beliebte Mixtur aus Bier und Zitronenlimonade heißt nicht nur in Hamburg, sondern im ganzen Norden „Alsterwasser“ – weil die Farbe des Flusswassers einmal genauso ausgesehen haben soll wie der Bier-Brause-Mischmasch. Erfunden hat es aber (das räumen wir gerne ein) der bayerische Wirt Franz Xaver Kugler, dessen Kneipe 1922 plötzlich von einer riesigen Gruppe Radfahrer gestürmt wurde. Weil er nicht genug Bier hatte, mixte er es mit Limo – und nannte es Radler.

Wie sehr die Hamburger am „Alster“ festhalten, bekam vor einigen Jahren auch der Carlsberg-Konzern zu spüren. Auf den „Astra“-Etiketten stand groß „Kiezmische“ und darunter das verfemte Wort „Radler“. Was für ein Eigentor! Die sonst so pfiffigen Marketing-Strategen handelten sich einen hanseatischen Shitstorm ein – und ruderten ganz schnell zurück auf die Alster.

Streifenwagen kann ja jeder

Es ist keinesfalls ein Spitzname so wie Grüne Minna oder Schwedische Gardinen; nein, in Hamburg heißen Funkstreifenwagen der Polizei ganz offiziell Peterwagen. Und jeder nennt sie auch so. Die Erklärung ist mal wieder nicht so einfach, denn es gibt (mindestens) drei Versionen: eine hannoversche, eine seemännische und eine lustige. Steigern wir uns also langsam.

Die erste Erklärung lautet: Fritz Peter. So hieß ein Kriminaloberrat aus Hannover, der die ersten mit Funk ausgestatteten Wagen 1946 in Deutschland eingeführt haben soll.

Werden wir lieber seemännisch. Demnach wurde für die Funkleitstelle der Polizei ein regionaler Name gesucht. „Peter“ wurde es mit Bezug auf eine seit dem 18. Jahrhundert benutzte Signalflagge, die ein blau umrandetes weißes Feld zeigt und für den Buchstaben P steht. Englisch heißt sie Blue Repeater – in Deutschland wurde daraus Blauer Peter. Die Flagge war das Zeichen für die Seeleute, an Bord zu gehen, weil das Schiff auslaufen wollte (in Hamburg gibt es noch heute mehrere Kneipen, die „Blauer Peter“ heißen und zur Unterscheidung durchnummeriert sind). Die Hamburger Polizei entschied sich also für den Namen Peter und nannte auch die Streifenwagen so, natürlich auch nummeriert.

Doch kommen wir endlich zur unterhaltsamsten Variante. Nach der begab sich ein Polizist 1946 zur britischen Besatzungsbehörde, die damals noch alles genehmigen musste. Er versuchte, mit starkem Akzent, dem Briten zu erklären, was er wollte. „Patrolcars, Sir.“ Der Brite verstand gar nichts. Also buchstabierte der Beamte sein Anliegen: „P like Peter“. Der Brite, wohl in Zeitnot oder genervt oder beides, unterbrach ihn sofort: „Oh, I know, Peterwagen.“ Und da deutsche Beamte nicht zum Widerspruch neigten, kam er also zurück in die Polizeizentrale: mit der Genehmigung für „Peterwagen“.

Zwei Polizisten stürmen aus ihrem Peterwagen, 1950er-Jahre

AHA!

Raus aus dem Käfig

In Hamburg gibt es keinen Zoo. In Hamburg gibt es Hagenbeck. Dass es als Synonym verwendet wird so wie Nivea für Creme oder Tesa für Klebestreifen (beides übrigens aus Hamburg), hat durchaus seine Berechtigung. Denn Familie Hagenbeck hat den modernen Zoo quasi erfunden.

Als der Tierpark 1907 in Stellingen – damals vor den Toren der Stadt – eröffnet wurde, war er weltweit der erste, in dem die Tiere nicht in Käfigen, sondern ohne Gitter in Freigehegen leben konnten. Eine Idee, die alle Zoos weltweit übernommen haben. Bis heute ist Hagenbeck der einzige größere in Deutschland, der noch privat geführt wird.

Seine Geschichte aber reicht noch weiter zurück. Schon 1848 stellte Gottfried Hagenbeck erstmals sechs Seehunde aus. Sein Sohn Carl weitete das Geschäft am Spielbudenplatz auf St. Pauli und später am Pferdemarkt aus und machte es zur größten Tierhandlung der Welt. 1887 wurde auch ein Zirkus gegründet, der weltweit auf Tournee ging. Die Idee eines Zoos ohne Gitter wurde sogar zum Patent angemeldet. In dieser Zeit gab es aber auch ein dunkles Kapitel der Firmengeschichte: Regelmäßig wurden Völkerschauen veranstaltet, bei denen Inuit oder Massai wie Tiere präsentiert wurden. Die Menschen wurden dabei oft schlecht bezahlt, untergebracht und versorgt.

Der Tierpark in Stellingen wurde während des Zweiten Weltkriegs stark zerstört, konnte aber wieder aufgebaut und erweitert werden. Sein Status als Hamburger Institution geriet nie in Gefahr. Bis heute geht niemand in den Zoo – man geht zu Hagenbeck.

Historische Aufnahme: Ein Seeelefant wird von einem Pfleger gefüttert.

Trau dich!

Nein, wirklich lecker sieht es nicht aus, das Labskaus. Es ist ja auch mal erfunden worden für Seemänner, die wegen des häufig vorkommenden Skorbuts ihre Zähne verloren hatten. Und so findet sich auf dem Teller ein Püree aus Kartoffeln, Rindfleisch und Roter Beete, garniert mit einer Essiggurke und einem Rollmops oder Matjes. Und natürlich gehört ein Bier dazu, und als flüssige Nachspeise ein Hamburger Kümmel.

Wer (und das ist definitiv ein Fehler!) Labskaus verschmäht, dem sei der „Pannfisch" empfohlen. Das ist gebratener Fisch mit Bratkartoffeln und Senfsoße. Früher war es ein klassisches Arme-Leute-Essen, meist mit Hering zubereitet – wobei die Senfsoße die nicht immer gegebene Frische des Fischs überdecken sollte ... Heute bieten Hunderte Restaurants den Klassiker an, wobei Hering nur noch selten verwendet wird. Oft wird Seelachs genommen, manchmal kommen auch Edelfische wie Steinbutt oder Seezunge auf den Teller.

Eine Variante der „Finkwarder Scholle“

Zu den unverwüstlichen Klassikern zählt auch die „Finkwarder Scholle“ oder Scholle Finkenwerder Art. Dabei wird die Scholle entweder mit Speck und Nordseekrabben gefüllt und dann gebacken oder (heute meist üblich) mit Speck in der Pfanne gebraten.

Dass typisch Hamburger Gerichte meist Fischgerichte sind, muss bei einer Hafenstadt ja nicht weiter erläutert werden. Es gibt aber auch Ausnahmen, nämlich „Birnen, Bohnen und Speck“. Wobei der Name schon fast alles verrät, was man wissen muss. Man kocht durchwachsenen Speck, fügt erst „Schnibbelbohnen“ (Brechbohnen) hinzu, dann halbierte ungeschälte Birnen (sie müssen klein, fest und nicht zu süß sein). Zum Schluss wird angedickt und mit Kartoffeln serviert.

Zum Abschuss gibt es natürlich noch etwas Süßes. Klar, das Franzbrötchen, das es in Hamburg bei jedem Bäcker gibt. Es handelt sich um speziell aufgerollten Plunderteig, der mit reichlich Zucker und Zimt gefüllt ist. Es empfiehlt sich eine Serviette, denn die Finger werden garantiert „backsig“ (klebrig) – aber das lohnt sich.

Echte Hamburger

Hier geht es nicht um Helmut Schmidt, Hans Albers oder Heidi Kabel, also berühmte Menschen, von denen jeder weiß, dass sie Hamburger sind. Hier geht es um berühmte Menschen, die (fast) jeder kennt, aber dann denkt: Wie, die sind aus Hamburg? Eine kleine Auswahl:

Gottfried Semper

Bei ihm denkt jeder sofort an Dresden, wo die Oper seinen Namen trägt. Zur Welt kam er aber 1805 in Hamburg als Sohn eines Fabrikanten. Er besuchte auch das Johanneum, bevor es ihn in die Ferne zog: Unstet reiste er durch halb Europa und machte sich als Architekt einen Namen. In Hamburg aber kam er kaum zum Zuge: Sein Wiederaufbauplan nach dem Großen Brand 1842 setzte sich nicht durch, und auch sein zunächst angenommener Entwurf für den Neubau der riesigen Nikolaikirche wurde schließlich verworfen – zugunsten des neogotischen Baus des Engländers Scott. Auch aus Dresden wurde er vertrieben (weil er mit Richard Wagner bei der Revolution 1848/49 Barrikaden baute). Er wanderte weiter: London, Paris, Zürich, Wien und schließlich Rom, wo er 1879 – längst hoch geehrt – starb.

Brigitte Mira

Die Sängerin und Schauspielerin (1910–2005) galt dem deutschen Nachkriegspublikum als Parade-Berlinerin. Mit Hamburg hatte sie, von ihrer Geburt mal abgesehen, in der Tat wenig zu tun. Schon als Kind zog sie mit der Familie nach Düsseldorf und machte später als Sängerin in Operetten Karriere. Obwohl „Halbjüdin", was sie verbergen konnte, spielte sie auch während des Nationalsozialismus weiter und ließ sich nach 1945 in West-Berlin nieder, wo sie als Chanson-Sängerin, im Theater und bald auch in Film und Fernsehen berühmt wurde. Den meisten bekannt als eine der „Drei Damen vom Grill", spielte sie aber auch bei Zadek in Bochum und in hochambitionierten Filmen wie Fassbinders „Angst essen Seele auf". Bis ins hohe Alter trat sie noch auf, blieb offiziell und augenzwinkernd aber stets 69. Die Stadt Berlin gab ihr ein Ehrengrab.

Walter Jens

Die Stadt, mit der Walter Jens vor allem in Verbindung gebracht wird, ist Tübingen. Dort hatte der brillante Intellektuelle jahrzehntelang Deutschlands ersten und einzigen Lehrstuhl für Rhetorik inne. Jens wurde 1923 in Hamburg geboren, besuchte das Johanneum und studierte zunächst auch in Hamburg, später in Freiburg, Germanistik und Philologie. Wegen seines Asthmas wurde er nicht zum Kriegsdienst eingezogen. Jens schrieb nach dem Krieg einige Romane, schlug aber eine akademi-

sche Laufbahn ein und wurde Professor. Er engagierte sich im PEN (und war lange Vorsitzender), schrieb Fernsehkritiken für die „Zeit", unterstützte die Friedensbewegung und war gerne Gast in Talkshows, wo er sich auch über seine Fußballleidenschaft ausließ (als Jugendlicher spielte er beim Eimsbüttler TV). Seine Depressionen machte er öffentlich, und als er an Demenz erkrankte, thematisierte sein Sohn das in einem Buch. Jens starb 2013 in Tübingen.

Wolf Biermann

Sein Vater – Jude, Kommunist und Werftarbeiter – starb im KZ, seine Mutter rettete den Sechsjährigen mit einem Sprung in den Kanal vor dem Feuersturm 1943 in Hamburg-Hammerbrook. Der Kommunismus sei seine Religion gewesen, sagte er später. Und so siedelte Biermann als 16-Jähriger in die DDR über, wo er als Lyriker, Liedermacher und Systemkritiker berühmt wurde, bis ihm 1976 nach einem Konzert in Köln die Rückkehr verweigert wurde. Biermann engagierte sich in der Friedensbewegung, kehrte aber dem Kommunismus schließlich den Rücken und polarisiert gerne: etwa als Gastautor für die „Welt", mit dem Besuch einer CSU-Klausurtagung oder Lob für Helmut Kohl. Heute lebt er wieder in Hamburg, im Stadtteil Ottensen.

Jürgen Vogel

Er gehört zu den besten deutschen Schauspielern und lebt schon lange in Berlin: Geboren und aufgewachsen ist er allerdings in Hamburg-Schnelsen in, wie man so schön sagt, bescheidenen Verhältnissen. Als Kind machte er Modefotos für den Otto-Versand und schon mit 16 zog er zu Hause aus. Er besuchte – einen ganzen Tag lang – die Schauspielschule in München und zog nach Berlin, wo er erste kleine Rollen übernahm. Schon 1989 wurde er als Bester Nachwuchsschauspieler mit dem Bayerischen Filmpreis geehrt. Sönke Wortmanns „Kleine Haie“ (1992) brachte dann den Durchbruch. Seitdem gehört er in die erste Reihe der deutschen Schauspieler. Vogel ist auch als Produzent und Drehbuchautor erfolgreich.

Fanny und Felix Mendelssohn Bartholdy

Die beiden musikalischen Genies wurden 1805 und 1809 in Hamburg in eine wohlhabende Bankiersfamilie geboren. Wegen der französischen Besetzung der Stadt, zog sie 1811 nach Berlin. Obwohl das Talent der älteren Fanny dem ihres Bruders mindestens ebenbürtig war, durfte nur er die Musik zum Beruf machen. Um den Ruf der Familie besorgt, sollte Fanny weder öffentlich auftreten noch ihre Kompositionen veröffentlichen. Und so machte Felix als Pianist, Komponist und Dirigent Karriere und erlangte Weltruhm, während Fanny bei Auftritten in privaten Kreisen zwar gefeiert wurde, aber nicht die Aufmerksamkeit bekam, die ihr gebührt hätte. Erst die Nachwelt erkannte ihre außerordentliche Begabung. Fanny und Felix starben beide 1847.

Das Quiz für echte Hamburg-Experten

1. Zum Labskaus gehört zwingend:

a) Rührei
b) Spiegelei
c) pochiertes Ei
d) gekochtes Ei

2. Das Hamburger Original Hummel war:

a) Milchmann
b) Zöllner
c) Wasserträger
d) Zitronenverkäufer

3. Wann wurde die erste Hammaburg gebaut?

a) 1. Jahrhundert
b) 5. Jahrhundert
c) 8. Jahrhundert
d) 11. Jahrhundert

4. Wo lernten sich Loki und Helmut Schmidt kennen?

a) In der Schule
b) In der Arbeiterjugend
c) Auf der Universität
d) Beim Tanzkursus

5. Worum handelt es sich bei einem Elbsegler?

a) Fischerboot
b) Boot mit Focksegel
c) Schnaps
d) Mütze

6. Was ist ein Südwester?

a) Regnerischer Wind
b) Wasserdichte Kopfbedeckung
c) Admiralshut
d) Bohneneintopf

7. Wenn jemand „fofftein“ macht, dann ...

a) ... macht er Pause.
b) ... singt er.
c) ... macht er ein Nickerchen.
d) ... geht er tanzen.

8. Wenn jemand „bregenklöterich“ ist, dann ist er ...

a) ... verwirrt.
b) ... verirrt.
c) ... empört.
d) ... betört.

9. Ein Mors ist ...

a) ... ein dunkles Bier.
b) ... das Gesicht.
c) ... der Hintern.
d) ... dunkle Schokolade.

10. Wer wurde „Lord von Barmbeck“ genannt?

a) ein Zuhälter
b) ein Ringer
c) ein Fußballer
d) ein Ein- und Ausbrecher

11. Wie viele Single-Haushalte hat Hamburg etwa?

a) 40 %
b) 50 %
c) 60 %
d) 70 %

12. Das Schulterblatt ist ...

a) ... eine Straße.
b) ... ein Orden.
c) ... ein Tanzlokal.
d) ... ein Park.

13. Polizeiautos heißen in Hamburg:

a) PE-Wagen
b) Paulwagen
c) Peterwagen
d) Pullwagen

14. Wer wurde nicht in Hamburg geboren?

a) Helmut Schmidt
b) Angela Merkel
c) Klaus von Dohnanyi
d) Olaf Scholz

15. Im Spätmittelalter gab es in Hamburg circa:

a) 10 Brauereien
b) 100 Brauereien
c) 500 Brauereien
d) 1000 Brauereien

16. Stadtteile mit der Endung „-werder“ wurden ...

a) ... auf einer Flussinsel gegründet.
b) ... von Bremern gegründet.
c) ... von Bauern gegründet.
d) ... von Vertriebenen gegründet.

17. Ein Koberer ...

a) ... lockt Gäste an.
b) ... schmeißt Gäste raus.
c) ... schenkt Gästen ein.
d) ... kassiert Gäste ab.

18. Hamburgs Regierungschef heißt offiziell:

a) Bürgermeister
b) Erster Bürgermeister
c) Oberbürgermeister
d) Regierender Bürgermeister

19. Hamburgs älteste Hauptkirche ist:

a) St. Jakobi
b) St. Nikolai
c) St. Michaelis
d) St. Petri

20. Wer hat mal in Hamburg gelebt?

a) Schiller
b) Goethe
c) Kant
d) Lessing

21. Wie hieß die Hamburger Währung?

a) Marc Hamburgo
b) Mark Courant
c) Mark Skonto
d) Hansemark

22. Wie redete man im alten Hamburg Bürgermeister an?

a) Magnifizenz
b) Hochwohlgeboren
c) Eminenz
d) Herr

23. Hamburg hat den weltweit ältesten ...

a) ... Containerhafen.
b) ... Ratskeller.
c) ... Teehändler.
d) ... Sportverein.

24. Der Jungfernstieg war ursprünglich ein:

a) Treidelpfad
b) Exerzierplatz
c) Damm
d) Deich

25. Ein Hamburger „erfand“:

a) den Adventskranz
b) das Osterfeuer
c) den Sundowner
d) die Herbstferien

26. Der NDR sendete anfangs ...

a) ... von einem Schiff.
b) ... von einem Turm.
c) ... aus einem Bunker.
d) ... aus einer Gartenlaube.

27. Als 1842 das Rathaus abbrannte, dauerte es bis zur Eröffnung des Neubaus:

a) 5 Jahre
b) 15 Jahre
c) 55 Jahre
d) 85 Jahre

28. Wer hatte jahrzehntelang seinen Wahlkreis in Hamburg, obwohl er nicht hier lebte?

a) Otto von Bismarck
b) August Bebel
c) Willy Brandt
d) Theodor Heuß

29. Was zu gründen war im 19. Jahrhundert in Hamburg lange verboten?

a) einen Verein
b) eine Partei
c) ein Theater
d) eine Gewerkschaft

30. Wer war nicht Hamburger Ehrenbürger?

a) Hans Albers
b) Herbert Wehner
c) Adolf Hitler
d) Rudolf Augstein

Quiz-Lösungen

1. b	11. c	21. b
2. c	12. a	22. a
3. c	13. c	23. d
4. a	14. d	24. c
5. d	15. c	25. a
6. b	16. a	26. c
7. a	17. a	27. c
8. a	18. b	28. b
9. c	19. d	29. c
10. d	20. d	30. a

Zitate

Es bleibt Hamburg, diese großartige Synthese einer Stadt aus Atlantic und Alster, aus Buddenbrooks und Bebel, aus Leben und Lebenlassen. Ich liebe diese Stadt mit ihren kaum verhüllten Anglizismen in Form und Gebärden, mit ihrem zeremoniellen Traditionsstolz, ihrem kaufmännischen Pragmatismus und ihrer zugleich liebenswerten Provinzialität.

Helmut Schmidt

Ich mag in Liverpool geboren worden sein –
aber aufgewachsen bin ich in Hamburg.

John Lennon

In dem Moment, wenn ich mit dem Zug in Hamburg einfahre – vom Hauptbahnhof über die Alster, links der Jungfernstieg, rechts die Außenalster – da geht immer mein Herz auf.

Jan Delay

Hamburg ist eine sehr tolerante Stadt. Man darf hier zu dick sein, ohne des Landes verwiesen zu werden.

Hellmuth Karasek

Hamburg ist derart familiär für mich, dass ich mich nicht mal frage, wie es ist und ob ich es vermisse. Wenn ich durch den Hafen schippere, dann habe ich das Gefühl, meine Kindheit war gestern.

Karl Lagerfeld

Die Stadt, zur Hälfte abgebrannt,
Wird aufgebaut allmählig;
Wie 'n Pudel, der halb geschoren ist,
Sieht Hamburg aus, trübselig.

Heinrich Heine